Goethes Gottfried von Berlichingen

Hans Schregle 1890-

Nabu Public Domain Reprints:

You are holding a reproduction of an original work published before 1923 that is in the public domain in the United States of America, and possibly other countries. You may freely copy and distribute this work as no entity (individual or corporate) has a copyright on the body of the work. This book may contain prior copyright references, and library stamps (as most of these works were scanned from library copies). These have been scanned and retained as part of the historical artifact.

This book may have occasional imperfections such as missing or blurred pages, poor pictures, errant marks, etc. that were either part of the original artifact, or were introduced by the scanning process. We believe this work is culturally important, and despite the imperfections, have elected to bring it back into print as part of our continuing commitment to the preservation of printed works worldwide. We appreciate your understanding of the imperfections in the preservation process, and hope you enjoy this valuable book.

Handbücherei für den Deutschen Unterricht

Herausgegeben von Franz Saran

a. ö. Professor an der Universität Erlangen

1. Reihe   Deutschkunde   Band 4

Goethes
Gottfried von Berlichingen

Von

Dr. Hans Schregle

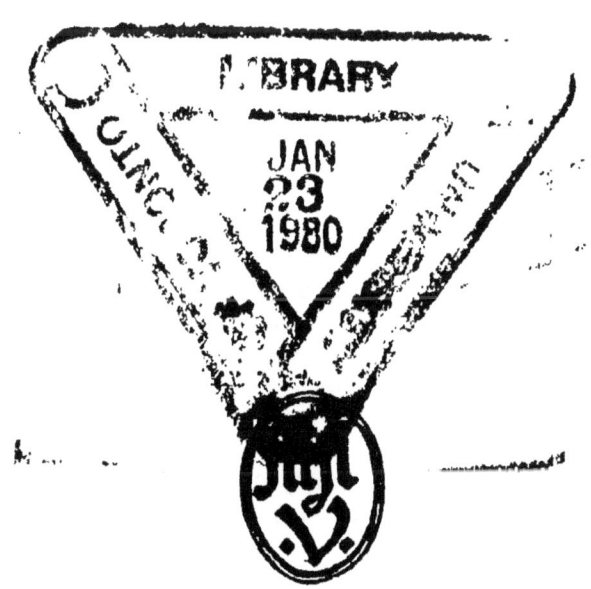

Halle (Saale) / Verlag von Max Niemeyer / 1923

Ausgaben der ersten Fassung vom Jahre 1771 (Ur-Götz):

Geschichte Gottfriedens. Hersg. von F. Strehlke, in: Werke. Revidierte Ausgabe. Lpzg., Hempel 1873, Tl. 11. Abtlg. 2, S. 5—130.

Bearb. von A. Sauer. In: Weimarer Ausg. Bd. 39. S. 1—186 Weimar 1897.

Geschichte Gottfriedens. Her. von K. Goedeke. In: Sämtl. Werke, Stuttg., Cotta, Bd. 13.

Her. von E. v. Hellen. In: Cottasche Jubiläumsausgabe in 40 Bdn. Stuttg. 1905, Bd. 10, S. 127—252.

Her. von K. Heinemann. In: Werke. Lpzg. 1906, Bd. 21.

Propyläen-Ausgabe von Goethes sämtl. Werken. Mchn. G. Müller 1909, Bd. 1, S. 176—285.

Her. von R. Riemann. In: Vollständige Ausg. in 40 Tln. Bln., Bong 1911, Bd. 14.

Her. von L. Geiger. In: Goethes sämtliche Werke, Hesse, Lpzg. Bd. 12.

Der junge Goethe. Her. v. Salomon Hirzel, Lpzg. 1887, Bd. 2, S. 44—196.

Der junge Goethe. Neue Ausg. besorgt von M. Morris, Lpzg. 1909—11, Bd. 2, S. 141—265.

Goethes Gottfried von Berlichingen. In dreifacher Gestalt hrsg. v. J. Bächtold, Freiburg i. B. u. Tübingen 1882.

Für den Schulgebrauch am leichtesten zugänglich:
Urfassung des Götz in der Insel-Bücherei Nr. 160, Lpzg. 1915.

Inhaltsübersicht.

I. Allgemeiner Teil.

	Seite
§ 1. Einleitendes. Die Götz-Literatur	1
§ 2. Die Entwicklung der geschichtsphilosophischen Anschauungen bis Herder	3
§ 3. Der geschichtsphilosophische Standpunkt Herders	9
§ 4. Herder und Goethe in Straßburg	14
§ 5. Der historische Naturalismus des jungen Goethe. Kritische Beurteilung dieser Geschichtsauffassung.	16
§ 6. Allgemeine Darlegung des Gedankengehalts des „Gottfried"	20

II. Erläuternde Zergliederung der „Gottfried"-Dichtung.

A. Das Kindesalter: die Zigeunergruppe.

§ 7. Die allgemeinen Wesenszüge dieses Entwicklungsalters. — Parallelen bei Herder	28
§ 8. Die Sprache der Zigeuner	33
§ 9. Die einzelnen Zigeunertypen	38

B. Das Mannesalter: die Gottfriedgruppe.

§ 10. Die allgemeinen Wesenszüge dieses Entwicklungsalters. — Parallelen bei Herder	41
§ 11. Gottfried von Berlichingen: seine Persönlichkeit	48
§ 12. Gottfried von Berlichingen: seine Entwicklung	61
§ 13. Elisabeth	73
§ 14. Hans von Selbiz und Franz Lerse	77
§ 15. Georg	79

C. Die Mittelgestalten am Übergang vom Mannes= zum Greisenalter.

Seite

§ 16. Kaiser Maximilian 86
§ 17. Adelbert von Weislingen: seine Persönlichkeit . 92
§ 18. Adelbert von Weislingen: seine Entwicklung . 93
§ 19. Franz von Sickingen 110
§ 20. Marie 113
§ 21. Bruder Martin 117
§ 22. Franz 119
§ 23. Die Bauern 120

D. Das Greisenalter: die Fürstengruppe.

§ 24. Die allgemeinen Wesenszüge dieses Entwicklungs=
alters. — Parallelen bei Herder 122
§ 25. Adelheid: ihre Persönlichkeit 135
§ 26. Adelheid: ihre Entwicklung 142
§ 27. Der Bischof von Bamberg 152
§ 28. Der Abt von Fulda und der Kurfürst von Mainz 155
§ 29. Liebetraut 156
§ 30. Olearius 158
§ 31. Gottfrieds Sohn Karl 159

Anhang: Verhältnis des Ur=Götz zur zweiten Fassung. 162

I. Allgemeiner Teil.

§ 1. Einleitendes. Die Götz-Literatur.

Des jungen Goethe „Gottfried von Berlichingen" steht in engster Beziehung zu der naturalistischen Denkart, die, in dem werdenden Dichter vorbereitet, in Straßburg unter dem zwingenden Einfluß Herders zum Durchbruch gelangt war. Der Gedankengehalt des „Gottfried" ist wesentlich aus der Anschauung des jungen Dichters zu begreifen, daß auch die menschheitliche Bewegung der Geschichte in den Kausalzusammenhang des gesamten Weltgeschehens derart verflochten sei, daß die Wirkung der Willensfreiheit der Persönlichkeit ausgeschaltet bleibe. Diesen **historischen Naturalismus** im „Gottfried" versucht die vorliegende Arbeit nachzuweisen.

Diesen Gesichtspunkt, den wir für das letzte Verständnis des Goetheschen Werkes für unerläßlich halten, hat die reiche Götz-Literatur wenn nicht — wie es nahezu durchgängig der Fall ist — überhaupt übersehen, so doch, wenn, wie bei Dünzer[1]), Andeutungen in der Richtung des naturalistischen Hintergrundes sichtbar werden, nicht zur vollen Klarheit herausgearbeitet. Die zahlreichen Erläuterungs- und Erklärungsschriften beschäftigen sich entweder mit dem Stofflich-Biographischen oder bewegen sich, mit dem Dogma vor Augen, daß der „Götz" das Sturm- und Drangdrama sei, in der Richtung verschiedener damit zusammenhängender Tendenzen, der individualistischen, der freiheitlichen und national-romantischen, der kraftgenialischen u. a. m. Die Berechti-

---

[1]) Goethes Götz und Egmont, 1854.

gung dieser Gesichtspunkte für die Beurteilung des „Gottfried" soll durchaus nicht bestritten werden, wenngleich im folgenden der eine oder andere derselben im Zusammenhang mit dem zu erweisenden naturalistischen Wesenszug der Dichtung eine Berichtigung erfahren wird.

Aus der Fülle der Götz=Literatur hebt sich R. Weißenfels' Goethe im Sturm und Drang, 1894, hervor, in dem der Verfasser unter Verwertung der vorhergehenden Literatur sich eingehender mit dem Götz=Problem auseinandersetzt. Weißenfels[1]) sieht den naturalistischen Zug in der Dichtung, ohne ihn indes für das Verständnis derselben in entscheidender Weise herauszustellen. Die auf Weißenfels folgenden Goethe=Erklärer Bielschowsky, Engel, Geiger, Witkowski usw. lassen den naturalistischen Gesichtspunkt außer Betracht. Auch F. Gundolf in seinem „Goethe"[2]) geht über ihn hinweg. Es bedeutet eine völlige Verkennung des Gedankengehalts der Dichtung, wenn Gundolf behauptet,[3]) daß in diesem Goetheschen Werk „die sinnliche Schilderung der kräftig deutschen Vorzeit, des volkstümlichen Treibens und Waltens Selbstzweck geworden wäre, ... daß das Bildungserlebnis Goethes über sein Urerlebnis die Oberhand gewonnen, es abgebogen und bis zur Verkrümmung modifiziert habe".

Die unvollkommenen und irrigen Deutungsversuche des „Gottfried" erklären sich daraus, daß man immer nur bemüht ist, den stofflich=biographischen Hintergrund für die Erklärung der Dichtung heranzuziehen und zu nützen, ohne die Dichtung vorzüglich aus sich selbst zu erklären. Den Versuch einer Deutung des „Gottfried" von innen heraus, um dieses Jugendwerk Goethes an eine bedeutsame Strömung der Zeit anzuschließen, stellt vorliegende Arbeit dar.[4])

---

[1]) S. 277 ff., 496 f.
[2]) ⁵1918 Berlin.
[3]) S. 124.
[4]) Die Anregung zu dieser Arbeit und deren Grundgedanken verdanke ich Herrn Professor Saran in Erlan-

Ein Wort Goethes selbst hätte die Forschung in die Richtung eines besseren Verständnisses der Dichtung weisen können: „... So blieb das Resultat von allem meinem Sinnen und Trachten jener alte Vorsatz, die innere und äußere Natur zu erforschen und in liebevoller Nachahmung sie eben selbst walten zu lassen. Zu diesen Wirkungen, welche weder Tag noch Nacht in mir ruhten, lagen zwei große, ja ungeheure Stoffe vor mir ... Es war die ältere Epoche, in welche das Leben Götz' von Berlichingen fällt, und die neuere, deren unglückliche Blüte von Werther geschildert ist ..." Diese Stelle aus Dichtung und Wahrheit (3. Buch, 12. Teil) besagt deutlich, daß die „Geschichte Gottfriedens von Berlichingen" in engster Beziehung steht zu der naturalistischen Denkart, die sich im jungen Goethe zu Beginn der siebziger Jahre ausbildet und die Gose auch im „Werther" nachgewiesen hat.[1]

§. 2. Die Entwicklung der geschichtsphilosophischen Anschauungen bis Herder.

Literatur:

Windelband, W., Lehrbuch der Geschichte der Philosophie, Tübingen [6] 1912.

Windelband, W., Geschichte der neueren Philosophie I, Leipzig [5] 1911.

Windelband, W., Geschichtsphilosophie. Fragment aus dem Nachlaß. Berlin 1916.

Dilthey, W., Weltanschauung und Analyse des Menschen seit Renaissance und Reformation. Ges. Schriften II. Leipzig-Berlin [2] 1921.

Dilthey, W., Das 18. Jahrhundert und die geschichtliche Welt. Deutsche Rundschau, 108. Band 1901.

Griswold, G. C., Voltaire als Historiker. Diss., Halle 1898.

---

gen, dem ich auch sonst für manchen wertvollen Wink und stets bereite Förderung verbunden bin. Die von ihm geübte Methode diente mir auch zur Durchführung dieser Untersuchung.

[1]) Vgl. S. 17.

Goldstein, J., Die empiristische Geschichtsauffassung David Humes, Leipzig 1900.

Fester, R., Rousseau und die deutsche Geschichtsphilosophie, Stuttgart 1890.

Menzer, P., Kants Lehre von der Entwicklung, Berlin 1911.

Das Altertum kannte das geschichtsphilosophische Problem nicht. Aus der Naturwissenschaft erwachsen, war die Fragestellung der griechischen Weltanschauung auf das bleibende Wesen der Erscheinungen gerichtet. Der zeitliche Ablauf des Geschehens wurde nur als etwas Untergeordnetes betrachtet; die geschichtliche Bewegung des Menschengeschlechts galt letzten Endes nur als eine vorübergehende Sondergestaltung des ewig nach gleichen Gesetzen sich wiederholenden Weltprozesses.

Erst das Christentum hat den Weltzusammenhang historisch begriffen. Der naturalistischen Auffassung der Griechen gegenüber wird dieser Zusammenhang ausschließlich religiös-sittlich gedacht. Die christlichen Denker erfassen in bedeutsamer Weise das gesamte Weltgeschehen als die Folge einmaliger freier Handlungen der Persönlichkeiten in ihrem Verhältnis zur absoluten Persönlichkeit, zu Gott. Die äußere Natur ist nur der Schauplatz, auf dem sich das Weltdrama von Sündenfall und Erlösung — für den Christen der wahre Inhalt der Weltwirklichkeit — abspielt. Den Höhepunkt dieser so begriffenen weltgeschichtlichen Entwicklung bildet das Erscheinen des Heilands, sein Leiden und sein Sterben. Ihren Abschluß findet sie im jüngsten Gericht, das damit den Schlußakt des göttlichen Welt- und Heilsdramas bildet.

Damit kommt in der christlichen Weltauffassung ein ganz neues Prinzip zum Durchbruch, das einer historischen Teleologie. Das Menschengeschlecht wird als eine Einheit gefaßt, wobei es in der Folge seiner Geschlechter einen in ihm angelegten Zweck verwirklicht. Wenn sich die griechische Philosophie in die Zweckmäßigkeit der Natur vertieft hatte, so taucht im Christentum der völlig neue Gedanke auf, daß auch der zeitliche Ablauf der Begebenheiten des Menschenlebens einen zweckvollen Gesamtsinn habe. Über der Teleologie der Natur erhebt sich diejenige der Geschichte.

Ein weiteres wichtiges Moment, das die christliche Weltansicht von der der Antike unterscheidet, ist ihr anthropozentrischer Charakter. Während für die griechische Wissenschaft der Mensch ein Naturprodukt ist, das wie andere kommt und geht ohne metaphysische Ursprünglichkeit und eigenen Lebenssinn, werden nun der Mensch und sein Geschick zum Mittelpunkt des Universums.

In der Civitas Dei des hl. Augustin ist die Geschichtsauffassung des christlichen Mittelalters zu einer umfassenden Darstellung gebracht. Die theozentrischen Anschauungen der augustinischen Geschichtsphilosophie, vor allem das Vorwiegen des religiösen Zweckgedankens, bestimmen die geschichtsphilosophische Betrachtung bis in die Renaissance und weiter bis zu Bossuet, der 1681, gewissermaßen noch einmal vor der Herrschaft der Aufklärungszeit und ihrer durchaus anders gearteten Geschichtsauffassung, in seinem Discours sur l'histoire universelle die christlich-teleologische Welt- und Geschichtsauffassung vertrat. Bossuet erkennt la suite des conseils de Dieu dans ... l'enchainement des affaires humaines.[1])

Unabhängig von der theozentrischen Anschauung, in die die augustinische Weltauffassung die Geschichte eingespannt hatte, indem sie die Einheit und das Ziel menschheitlicher Bewegung in dem kirchlich geoffenbarten Willen einer transzendenten Welt erkennt, bereitet sich seit der Renaissance in allgemeinen Zügen eine weltliche Lebensansicht vor, die in der Aufklärung des 18. Jahrhunderts, bis in ihre letzten Weiterungen verfolgt, auch in der Betrachtung der Geschichte zur klaren und eindeutigen Ausprägung gelangt.

---

[1]) Ausg. Paris 1681, S. 8.

Die neu aufkommende Geschichtsbetrachtung ist aufs engste verknüpft mit dem **allmählichen Herausarbeiten der naturwissenschaftlichen Weltanschauung**. Die Entwicklung der Methode dieser Weltanschauung knüpft sich an die Namen Kopernicus, Kepler, Galilei, Newton, bis sie durch Leibniz ihre entscheidende und bedeutungsschwere philosophische Begründung erhält. Die Philosophie löst sich von der Theologie, der Mensch **tritt der Geschichte frei gegenüber** und verlegt Einheit und Ziel in die eigene Entwicklung der menschlichen Kultur. Das **Kulturproblem** tritt in den Mittelpunkt des geschichtsphilosophischen Interesses.

Die **Leibnizische Monadologie** betrachtet das Universum als ein System von Krafteinheiten, deren rastlose Tätigkeit in der Entfaltung und Verwirklichung ihres Inhalts besteht. Aus dem Begriff der Monade als einer vorstellenden Substanz folgt unmittelbar die **Aufklärung des Verstandes** als vornehmste Aufgabe des Menschen. Die einzigartige Stellung des vernünftigen Menschen in einer vernünftig geordneten Welt begründet diese Aufgabe und erfüllt das Zeitalter der Aufklärung mit einem durchaus neuen Lebensgefühl.

Die Geschichtsphilosophie der Aufklärung **lehnt den religiösen Zweckgedanken ab**. Die Geschichte tritt aus den sicheren Zusammenhängen einer transzendenten Welt heraus und wird zur großen Idee der Aufklärung in Beziehung gesetzt: die menschheitliche Entwicklung wird unter den Gesichtspunkt der Vernunft gestellt. Sie wird als **Naturprozeß** betrachtet, der in dem Leibnizischen Sinn zur Verwirklichung, d. h. zur Klärung und Verdeutlichung des Dunkelbewußten, in der Anlage Gegebenen führt.

Mit diesem Grundgedanken hängt notwendigerweise ein Zug zusammen, der die Geschichtsauffassung der Aufklärung entscheidend bestimmt: die Entwicklung der Menschheit befindet sich in einer ununterbrochenen Aufwärtsbewegung, — die aufklärerische Idee des unaufhaltsamen **Fortschritts** in der

Richtung einer völligen Erhellung der Vernunft. Der Faden, der die Zeitalter verbindet, ist das stetige Fortschreiten des Menschengeschlechts, von Stufe zu Stufe, durch Wahn und Verirrung hindurch der umfassenden Aufklärung des Verstandes entgegen. Die Kulturidee der Aufklärungszeit gab das Ziel der Menschheitsentwicklung an, an welches in optimistischer Hoffnung und im Bewußtsein der eigenen Kraft und der eigenen Leistung geglaubt wurde. Nach den, wie man in stolzer Selbstgefälligkeit glaubte, sicheren Maßstäben des eigenen Zeitalters beurteilte die Aufklärung die Vergangenheit. Daraus ergab sich ihre im Grunde unhistorische Einstellung; denn erwies sich etwas in der Geschichte als irrational, als überhaupt unvernünftig oder den Grundsätzen der Aufklärungsvernunft widersprechend, so ist es von einer nicht genügend geklärten Vernunft geschaffen worden. Der zur begrifflichen Abstraktion neigende Universalismus der Aufklärung wird den in sich eigenartigen und selbständigen geschichtlichen Erscheinungen nicht gerecht.

Die aufklärerische Geschichtsphilosophie, die erst bei Condorcet in dessen Esquisse d'un tableau historique des progrès de l'esprit humain (1796) auf den Höhepunkt gelangt, hat vorher ihren beredten Vertreter und Vorkämpfer in Voltaire. In seinem Essai sur les moeurs et l'esprit des nations vom Jahre 1765, der aus den beiden früher veröffentlichten Schriften Philosophie de l'histoire[1] und Histoire universelle besteht, vollzieht Voltaire die Abrechnung mit der theologischen Geschichtsbetrachtung Bossuets, indem er jedes Überschreiten der gegebenen Wirklichkeit durch jenseitige Vorstellungen abweist. Er bestreitet übernatürliche Zwecke und läßt nur einen natürlichen Mechanismus in einer zwangsläufigen Bewegung der Geschichte gelten. Aus dem Bewußtsein, einer Zeit anzugehören, die der Vergangenheit überlegen war, fand er den entschlossenen Mut, alle Zeiten und Völker nach den als ewig genommenen

---

[1] Voltaire hat hier den Ausdruck zum ersten Male geprägt.

Maßstäben der eigenen Zeit zu messen und zu verurteilen. Die Geschichte der Menschheit ist der unaufhaltsame Gang aus der dunklen Nacht des Aberglaubens zum Lichte der Vernunft.

Durchaus aus dem Geiste dieser aufklärerischen Überzeugung heraus schreibt der Basler Isaak Iselin seine „**Philosophischen Mutmaßungen über die Geschichte der Menschheit**" (1764). Auch bei ihm werden, getreu dem universalistischen Zug des rationalen Denkens der Zeit, die einzigartigen und einmaligen geschichtlichen Erscheinungen zu abgezogenen Allgemeinheiten verflüchtigt. Iselin stellen sich die historischen Entwicklungsstadien dar als wohlberechnete Übergangsstufen einer bewußten Naturabsicht, als ein „Fortgang der Menschheit von der äußersten Einfalt zu einem immer höheren Grade von Licht"[1]. Nicht in dem goldenen Zeitalter eines vermeintlichen Naturzustandes (gegen Rousseau) liegt das ideale, höchste Menschendasein, sondern in der Zukunft, in der sich die Menschheit aus der niederen Sinnlichkeit zu vernünftiger Klarheit entwickelt haben wird.[2]

In einen schroffen Gegensatz zur reinen Verstandesaufklärung tritt Rousseau. Der einseitigen Verstandeskultur des 18. Jahrhunderts gegenüber verficht er mit glühender Leidenschaftlichkeit die ursprüngliche Mächtigkeit des **natürlichen Gefühls**. Die zunehmende Verstandeskultur mit ihrer Mechanisierung des Lebens, ihrer allgemeinen Schwächung und Zerspaltung der menschlichen Kräfte habe die Menschheit von ihrem wahren Naturzustand entfernt. Die Entfaltung zur Kultur habe die Menschen ihrer eigentlichen Bestimmung entfremdet und die ursprüngliche Güte — dieses für die Folgezeit so bedeutungsvolle Dogma Rousseaus — der menschlichen Natur verdorben. Die kalte, nüchterne Ver-

---

[1] Ausgabe 1779, S. XXIII.
[2] Gegen Iselin nimmt Herder in seiner Schrift „Auch eine Philosophie der Geschichte zur Bildung der Menschheit" von seinem entgegengesetzten Standpunkt aus in geharnischter Weise Stellung.

nunft triumphiere über die natürliche Sinnlichkeit; gesellschaftliche Äußerlichkeit und Galanterie seien an die Stelle einfacher, unmittelbarer Menschlichkeit getreten. In seinem Discours sur les sciences et les arts (1750) als Antwort auf die von der Akademie zu Dijon im Jahre 1749 gestellte Preisfrage, ob Künste und Wissenschaften zur Verbesserung der Sitten beigetragen haben, und in seinem Discours sur l'origine et les fondements de l'inégalité parmi les hommes (1753) kommt Rousseau zu einer entschiedenen Ablehnung und Verurteilung der aufklärerischen Idee eines unablässigen Fortschritts zum Ziele der alleinigen Herrschaft der Vernunft. Entgegen dieser Fortschrittsidee behauptet er, daß sich die Gesamtentwicklung der Menschheit — in einer **absteigenden Linie** — aus dem reinen Naturzustand in der Richtung des Entartens und des Verfalls vollzogen habe.

So sehen wir um die Mitte des 18. Jahrhunderts zwei geschichtsphilosophische Strömungen, die einander letztlich entgegengerichtet sind. Herder sollte sie in höchst bedeutsamer Weise zu einer versöhnenden Synthese bringen.

§ 3. Der geschichtsphilosophische Standpunkt Herders.

Literatur:

Neben den in § 2 aufgeführten Werken vergleiche folgende Schriften:

Bruntsch, F. M., Die Idee der Entwicklung Herders. Diss. Lpzg. 1904.

Hagenbring, P., Goethes Götz von Berlichingen, Teil I, Bausteine zur Geschichte der neueren deutschen Literatur, IX, Halle 1911[1]).

---

[1]) Der Verfasser gibt in seiner Schrift (S. 49 ff.) eine systematische Zusammenfassung und Darstellung der geschichtsphilosophischen Anschauung Herders bis zu dessen Weggang von Straßburg. Dabei hätte Herders Naturalismus deutlicher herausgestellt werden können.

Von Herderschen Schriften bis zum Beginn der siebziger Jahre kommen für unsere Zwecke vornehmlich in Betracht:

Hoffart, Elisab., Herders „Gott", Bausteine XVI. Halle 1918.

J. G. Herder: Ideen zur Kulturphilosophie. Ausgew. u. hrsg. v. Otto u. Nora Braun. Lpzg. 1911.

Zu dieser **Synthese von Voltaire und Rousseau** gelangt Herder unter dem Einfluß Leibnizischer Anschauungen.

Gerade auf Herder haben die **Nouveaux Essais**, die 1765, also fast fünfzig Jahre nach dem Tode Leibniz', gedruckt wurden und die Geister mächtig erregten, mit nachhaltiger Eindringlichkeit gewirkt. In den Nouveaux Essais fand Herder den Gedanken einer geistesmechanischen, automatischen Entwicklung, durch den er die entgegengerichteten Anschauungen Voltaires und Rousseaus in einem überlegenen Sinn zu überwinden vermochte.

Die Monaden bilden nach dem Gesetz der Kontinuität eine ununterbrochene Stufenreihe, ein großes Entwicklungssystem, das von den „einfachen"" Monaden (Materie) zu den Seelen und Geistern aufsteigt.[1]) Diesen Gedanken einer durchgängigen **automatischen Entwicklung** überträgt nun Herder in entscheidender Weise auf die geschichtlichen

---

Über die neuere deutsche Litteratur. Erste Sammlung von Fragmenten. 1767. Dasselbe. Zweite Sammlung 1767. Dasselbe. Dritte Sammlung. 1767. (S. W. I.*)

Zweite völlig umgearbeitete Ausgabe der Fragmente 1768 (S. W. I.). Kritische Wälder. Oder Betrachtungen, die Wissenschaft und Kunst des Schönen betreffend, nach Maasgabe neuerer Schriften. Erstes Wäldchen 1769. Zweites W. 1769. Drittes W. 1769 (S. W. III). Journal meiner Reise im Jahr 1769. (S. W. IV). Abhandlung über den Ursprung der Sprache 1772. (S. W. V). Von deutscher Art und Kunst. Einige fliegende Blätter. 1773.

I. Auszug aus einem Briefwechsel über Ossian und die Lieder alter Völker. (S. W. V, S. 159—207).

II. Shakespear. (S. W. V, S. 232—257).

Auch eine Philosophie der Geschichte zur Bildung der Menschheit. Beytrag zu vielen Beyträgen des Jahrhunderts. 1774. (S. W. V, S. 475—593).

[1]) Windelband, Lehrbuch S. 355.

*) = Suphan, Werke; vgl. S. 28, Anm. 1!

Zusammenhänge. Auch die geschichtlichen Bewegungen sind an die in der Natur waltende gesetzmäßige Ordnung gebunden, die Geschichte wird zu einer Fortsetzung und Vollendung des Naturprozesses (**Geschichtsmaterialismus**).

Im Hintergrund dieses gesetzesgebundenen Weltgeschehens aber waltet für den religiös gesinnten Herder die göttliche Vorsehung. Als Weltgesetzlichkeit offenbart sie sich ihm in Natur und Geschichte. Die Welt ist der „Schauplatz einer leitenden Absicht auf Erden" (S. W. V, 513). Ganz anders bei Voltaire, der hinter dem Geschehen eine fatalité aveugle[1]) wähnt, la bizarre destinée qui se joue dans ce monde[2]). Als Folge einer übergreifenden, metaphysischen Absicht läuft das kausal gebundene Weltgeschehen ab. Wir beobachten eine Verquickung von kausaler Weltbetrachtung mit finaler Vorstellung, einen **metaphysischen Naturalismus**, den wir mit El. Hoffart[3]) als **dynamischen Panentheismus** bezeichnen können.

Herder begreift nun das historische Geschehen in **Analogie zu dem Werden und Vergehen der organischen Natur**. Mit diesem Gesichtspunkt lehnt er die der Aufklärungsphilosophie eigene Anschauung des steten Fortschritts in Richtung der Verstandesaufklärung ab. Doch fallen auch ihm die Entwicklungen der aufeinanderfolgenden geschichtlichen Epochen nicht auseinander, sondern sie reihen sich, eine Wellenlinie bildend, aneinander. Herder behält damit Rousseaus Begriff der perfectibilité bei im Sinne einer immer neuen und vollkommeneren Verwirklichung und Entfaltung der ungeteilten Ganzheit der menschlichen Anlagen. Über der Menschheitsentwicklung steht als Leitstern die Idee der Humanität.

Herder faßt vergangene Geschichtsepochen als Individualitäten auf, von denen **jede Sinn und**

---

[1]) Essai sur les moeurs, VI, 63.
[2]) ebda., III, 99.
[3]) a. a. O. S. 16 ff.

Gesetz in sich trägt.¹) Jedes Volk, jede Zeit durchläuft eine eigene Entwicklung, wenngleich alle diese geschichtlichen Bewegungen im Sinne eines höheren Planes, des Humanitätszieles, zusammenhängen. Mit dieser relativen Bewertung geschichtlicher Epochen rückt Herder in einen schroffen Gegensatz zur aufklärerischen Überzeugung, die Vergangenheit nach der absoluten Norm ihres Zeitideals beurteilen zu können (völlige Mißachtung des „barbarischen" Mittelalters durch Voltaire).

In seiner universalhistorischen Betrachtung der Abfolge der geschichtlichen Entwicklungsstufen verfährt Herder wieder ganz naturalistisch, indem er die einzelnen Kultureinheiten in Analogie zu den Entwicklungsstufen der natürlichen biologischen Organismen setzt und jedes Volk seine Periode des Wachstums, der Blüte und der Abnahme haben läßt (S. W. V, 588). Nach dieser organischen Parallele **vergleicht er die Menschheitsstadien mit den Lebensaltern der Individuen**. Wie das menschliche Einzelwesen in natürliche Gesetzmäßigkeit verhaftet unaufhaltsam seine Lebensalter durchlaufen muß, so ist auch die Entwicklung der Völker an diesen notwendigen Gang gebunden.²) Die natürliche Entwicklung der Menschheit führte durch das Kin-

---

¹) Mit der Anwendung des Individualitätsprinzips auf die Geschichte, die Voraussetzung für historische Gerechtigkeit, hat Herder neben Lessing der späteren Geschichtsbetrachtung den Weg gebahnt.

²) Diese Analogie zwischen dem Leben des einzelnen und dem Leben der Menschheit hatte vor ihm bereits Giov. Battista Vico (1668—1744) in seinen Principi d'una scienza nuova d'intorno alla commune natura delle nazioni (1725) hergestellt; auch mit der Auffassung der Geschichte als eines natürlich=notwendigen Prozesses des Aufblühens und Verwelkens ging er Herder voran, ohne daß sich indes ein unmittelbarer Einfluß auf diesen nachweisen läßt (vgl. O. Klemm, V. als Geschichtsphilosoph und Völkerpsycholog (Lpzg. 1906) und Benedetto Croce, La Filosofia di G. V. (Bari 1911). Vor dem Neapolitaner war bereits der Araber Ibn Chaldun (1332—1406) auf die naturalistische Annahme eines biologischen Lebensschicksals der Kultureinheiten gekommen.

desalter (Orient), Knabenalter (Ägypten, Phönizien), Jünglingsalter (Griechentum), Mannesalter (Römertum) zum Greisenalter (Christentum), um in einer neuen Entwicklungskurve bei der nordischen Menschheit aus der Zeit des Ossian und der Barden — der Kindheit — zum deutschen Mittelalter — dem Mannesalter — von neuem aufwärts zu führen und wieder zum Greisenalter, d. i. die Zeit der Aufklärung, abzufallen. Bildlich gesprochen, stellt sich die Herdersche Entwicklungskurve als eine steigende Wellenlinie dar zum Unterschied von Voltaire und Rousseau, deren Anschauungen wir uns mit einer Geraden verdeutlichen können, die bei Voltaire nach oben strebt, bei Rousseau nach unten verläuft.

Noch in einer andern Richtung wirkte Leibniz auf den jungen Herder. In seinen Nouveaux Essais hatte jener betont, „daß das Leben der Seele weit über alles klar und deutlich Bewußte hinaus in dunkel geahnten Tiefen wurzle"[1]. Gegenüber der einseitigen Betonung des Verstandes durch die Aufklärung gelangte Herder zur Erkenntnis, daß alle Sinne des Menschen ursprünglich nichts anderes als „Gefühl" seien (S. W. V, 63), Gefühl und Verstand nicht zwei verschiedene „Vermögen", sondern nur verschiedene Stufen einer und derselben Lebenstätigkeit, die das Wesen der Monade ausmachen. Dieses Entwicklungsverhältnis von Gefühl und Verstand zieht nun Herder zur Beurteilung und Bewertung der Entwicklungsalter in der Geschichte heran.

Nicht nur bei den Individuen ist das Gefühl verschieden stark entwickelt, sondern es unterscheidet sich auch in verschiedenen Zeiten in seiner Stärke und seiner Art. **Je näher ein Volk dem Kindesalter steht, umsomehr wird bei ihm das Gefühl vorwalten.** Es befähigt den Menschen zur natürlich-gesunden Entfaltung aller Sinne und zur unmittelbaren, lebendigen Anschauung. Der Mensch tritt der Welt mit der ungeteilten Ganzheit

---

[1] Windelband, a. a. O. S. 388.

seines Wesens gegenüber. Die Entwicklung der Einzelwesen wie die der Völker verläuft nun in der Richtung der Abnahme der natürlichen Gefühlstätigkeit zugunsten der immer mehr vorwaltenden Geltung des Verstandes. Auf der Höhe des Mannesalters jedes Volkes halten sich Gefühl und Verstand im gesunden Widerspiel die Wage. Mit dem Abfall zum Greisenalter schwindet das Gefühl entweder vollständig oder es entartet und der nüchterne, trockene, diskursive Verstand mit seinem mechanisierenden, die ursprüngliche Ganzheit des menschlichen Wesens spaltenden Einfluß behält die Oberhand.

§ 4. Herder und Goethe in Straßburg.

Literatur:

Haym, R., Herder, Bln. 1880. S. 392 ff.

Kühnemann, E., Herder, Mchn. ²1912. S. 124 ff.

Minor, J. und Sauer, A., Studien zur Goethe-Philologie, Wien 1880, S. 72 ff.

Weißenfels, R., Goethe im Sturm und Drang, 1. Bd., Halle 1894, S. 140 ff.

Die dargelegten wesentlichen Züge eines metaphysischen Naturalismus in der Betrachtung der Geschichte waren in seiner Seele zur Ausprägung gelangt, als Herder im September des Jahres 1770 als Reisebegleiter des Erbprinzen von Eutin nach Straßburg kam, wo er sich dann zum Zwecke verschiedener Augenoperationen ein halbes Jahr aufhalten mußte. Es entspricht der innersten Veranlagung Herders, daß sich seine geschichtsphilosophischen Ideen nicht in einem einheitlich zusammengefaßten Buche niedergeschlagen haben, sondern als leitendes Denkmotiv bei mannigfachen Anlässen zum Ausdruck kamen in den Arbeiten, die er bis zu seinem Aufenthalt in Straßburg geschrieben hatte. In Straßburg verfaßte er dann seine „Abhandlung über den Ursprung der Sprache" als Bearbeitung einer Preisfrage der Berliner Akademie der Wissenschaft, während ihn die Ideen des Ossianaufsatzes aufs lebhafteste beschäftigten. Gerade die Gedanken dieser beiden Schriften sollten einen nachhaltigen Eindruck auf den jungen Goethe machen. In seinem „Ursprung der Sprache" stellt Herder ein Stück seiner Gesamtanschauung dar. Ihren Grundsätzen begegnen wir auch in seiner Schrift „Auch eine Philosophie der Geschichte...", die wir demnach, obwohl erst 1774 gedruckt, als bedeutsamen Beleg für seine geschichtsphilosophischen Erkenntnisse zur Zeit seines Zusammentreffens mit Goethe zur Darstellung seiner Anschauung heranziehen durften.

Im April 1770 war der junge Goethe, um seine Studien zu vollenden, nach Straßburg gekommen. Der Verkehr mit Herder sollte von tiefgehender Bedeutung für seine Entwicklung werden. In Dichtung und Wahrheit (2. Teil, 10. Buch) schildert Goethe selbst den überwältigenden Eindruck Herders auf ihn. „Was die Fülle dieser wenigen Wochen betrifft, welche wir zusammen lebten, kann ich wohl sagen, daß alles, was Herder nachher allmählich ausgeführt hat, im Keim angedeutet ward und daß ich dadurch in die glückliche Lage geriet, alles, was ich bisher gedacht, gelernt, mir zugeeignet hatte, zu komplettieren, an ein Höheres anzuknüpfen, zu erweitern." Aber wenn in Herder die Idee eines einheitlichen und durchgehenden Kausalzusammenhangs in Natur und Geschichte aus einem tiefen Verständnis der Leibnizischen Gedanken heraus und in Fortbildung des Pantheismus Giordano Brunos und des Panentheismus Shaftesburys als metaphysischer Naturalismus mit religiöser Grundstimmung zur Ausprägung gekommen war, so bewegte sich die Entwicklung des jungen Goethe seit Leipzig immer mehr in der Richtung einer rein naturalistischen Einstellung dem Weltgeschehen gegenüber, eine Entwicklung, die auch die religiös-pietistische Beeinflussung durch Susanne von Klettenberg in Frankfurt nicht aufhalten konnte. Mit dieser inneren Bereitschaft kam Goethe zu Herder. Das Manuskript seiner „Abhandlung über den Ursprung der Sprache" teilte dieser Goethe heftweise mit. Dieses Herdersche Werk setzte den jungen Goethe nicht nur so recht in die Mitte der Dinge, es setzte ihn in den Mittelpunkt seines eigenen Wesens.¹) Herder teilte Goethe nicht nur seine fertigen Ideen mit, sondern auch die werdenden. Lebendiger, zündender, als es aus seinen Schriften hätte geschehen können, fielen aus seinem Munde unter leidenschaftlich erregtem Gespräch die gewaltigen Ideen in die Seele des jungen Dichters, der durch seine frühere Entwicklung wie kein anderer für ihre Aufnahme vorbereitet war.²) Aus der Gesamtheit seiner bisherigen Arbeiten tritt Herder Goethe gegenüber, der sich unter seinen Anregungen rasch entwickelt. Nach und nach sprach er von allem, was ihn je bewegt. Goethe ward mit dem vielen bekannt, was Herder für die Geschichte der Menschheit im Sinne trug.³) Herder, der Prediger, ja der Prophet neuer Welten,⁴) lehrte ihn das große Geheimnis der über die Erde gebreiteten Volksgenialitäten, deren jede an ihrer Stelle das Erleben der Welt in eigener Weise kündet.⁵)

§ 5. Der historische Naturalismus des jungen Goethe.

Die im Wesen des jungen Dichters vorbereitete, in Leipzig entwickelte, dann in Frankfurt vorübergehend vom Religiösen überwundene Neigung zur Natur kommt in Straßburg unter dem Einfluß Herders und der eigenen medizinischen Studien zum vollen Durchbruch: Goethe erlebt die **scharfe Wendung zum Naturalismus**. In Goethe ist jetzt die Erkenntnis gereift, daß das gesamte Weltgeschehen von einer lückenlosen Kausalität beherrscht werde. Mit Herder ist er **überzeugt, daß die Menschheit und ihre geschichtliche Bewegung aufs engste in den Entwicklungszusammenhang des natürlichen Geschehens überhaupt verflochten sei.** Das menschliche Geschehen, das sich in der Geschichte auswirkt, ist unausweichlich an die in der Natur herrschende Gesetzlichkeit gebunden.

---

¹) Kühnemann, a. a. O. S. 150.
²) Weißenfels, a. a. O. S. 151.
³) Kühnemann, a. a. O. S. 138.
⁴) ebda. S. 124.
⁵) ebda. S. 131.

In diesem Punkt teilt Goethe durchaus die naturalistische Geschichtsauffassung Herders. Dagegen folgt er seinem großen Anreger nicht in der Betonung des metaphysisch-religiösen Wesens, das dieser hinter dem Geschehen walten läßt. Wohl erkennen wir auch bei Goethe im Grunde die panentheistische Auffassung des gesamten Weltgeschehens. Während aber Herder aus seiner christlich-theologischen Einstellung heraus die Geschichte vorwiegend als eine Auswirkung des persönlich gedachten Gottes begreift, tritt bei Goethe die Person Gottes zurück. Der junge Goethe hatte sich zu weit von der christlichen Anschauungsweise entfernt, als daß er sich noch in die ausgesprochen religiöse Einstellung Herders hätte hineinfinden können. Die absolute Notwendigkeit eines rein kausal begriffenen organischen Naturzusammenhangs auch in der Geschichte steht bei Goethe im Vordergrund.

Aus der so gearteten naturalistischen Denkweise heraus kommt Goethe noch im gleichen Jahre seines Weggangs von Straßburg, 1771, zur Gestaltung seines „Gottfried von Berlichingen". Dieses Werk, als dessen gedanklicher Hintergrund im folgenden Goethes naturalistische Geschichtsauffassung erwiesen werden soll, bildet den Beginn jener Reihe von Werken, die aus der naturalistischen Grundstimmung Goethes in den siebziger Jahren zu begreifen sind. In diese Reihe gehören die **Mahometbruchstücke**, in denen sich Goethe zum religiösen Naturalismus,[1]) der **Werther**[2]) und die **Stella**,[3]) in denen er sich zum ethischen Naturalismus bekennt. Im **Egmont**[4]) schließlich ist Goethes Naturalismus zu den äußersten Weiterungen gelangt.

Mit der naturalistischen Geschichtsauffassung ist Goethe — gleich wie Herder — in einer Denkweise

---

[1]) Siehe Saran, F., Goethes Mahomet und Prometheus, Baust. XIII. Halle 1914.
[2]) Siehe Gose, H., Goethes Werther, Baust. XVIII. Halle 1921.
[3]) Siehe Kluge, W., Goethes Stella, Diss. Erlangen 1921.
[4]) Siehe Zimmermann, E., Goethes Egmont, Baust. I. Halle 1909.

befangen, deren Fehlerhaftigkeit die neuere Philosophie[1]) aufgezeigt hat. Der historische Naturalismus beruht auf einer unmethodischen Verquickung zweier wesentlich verschiedener Gesichtspunkte: er verschlingt die Prinzipien der naturwissenschaftlichen und die der historischen Methode und damit die Gegensätze kausaler und teleologischer Betrachtungsweise ineinander. Die naturwissenschaftliche Methode generalisiert, indem sie die durchgängige Gesetzmäßigkeit im Gesamtgeschehen nachzuweisen sucht, die historische Methode dagegen geht auf das Individuelle und Besondere, das in der Persönlichkeit objektiv geworden ist. Die Weltgeschichte hat keine einheitliche Gesamtstruktur im Sinne der formalen Notwendigkeiten organischer Gesetzmäßigkeit, sondern sie ist in die Hand des freien Willens der Persönlichkeiten gelegt mit werthaften Inhalten, die von den geschichtlichen Lebensgemeinschaften in bewußter Gestaltung herausgearbeitet werden. Der Mensch als ein mit freiem Willen begabtes Vernunftwesen ist nicht naturhaft abgeschlossen gegeben, sondern historisch aufgegeben.

Der unberechtigte Einbruch des naturwissenschaftlichen Denkens in die Geschichtswissenschaft hat auch sachliche Bedeutung gewonnen dadurch, daß sich aus ihm die materialistische Geschichtsauffassung des Sozialismus[2]) herleitet. Aus derselben Verquickung von naturwissenschaftlichem und „kulturwissenschaftlichem" Denken, aus der mangelnden

---

[1]) Vgl. vor allem: Windelband, Lehrbuch, S. 442, 550 f., 567. — Ders. Einleitung in die Philosophie. Tüb. ²1920. — Ders. Normen und Naturgesetze; Kritische und genetische Methode; Geschichte und Naturwissenschaft: sämtl. in den „Präludien" 2. Bd. Tüb. ⁷⁸1921. — Rickert, H., Die Grenzen der naturwissenschaftl. Begriffsbildung. Tüb. ³⁴1921. — Ders. Kulturwissenschaft und Naturwissenschaft. Tüb. ⁴⁵1921. — Häring, Th. L. Die Struktur der Weltgeschichte. Philosoph. Grundlegung zu einer jeden Geschichtsphilosophie (in Form einer Kritik Oswald Spenglers). Tüb. 1921. — Eucken, R., Geistige Strömungen der Gegenwart. Bln.-Lpzg. ⁶1920.

[2]) Vgl. Stammler, R., Wirtschaft und Recht nach der materialistischen Geschichtsauffassung. ²1906.

Klarheit über die logische Struktur des geschichtlichen, d. i. eben individualisierenden Denkens leitet sich auch der willkürliche Gedanke einer „Morphologie der Weltgeschichte" her, die Oswald Spengler in seinem Buch „Der Untergang des Abendlandes" darzustellen versucht. Er verfolgt eine irrige Analogie zu dem Werden und Vergehen einzelner organischer Einheiten, wenn er die Gesetze des organischen Lebens anwendet auf die Behandlung geschichtlicher Gebilde und Bewegungen.[1]) Spengler begeht einen Abweg, wenn er eine generalisierende Biologie des geschichtlichen Lebens versucht und zu dem Schlusse kommt, es lasse sich die Geschichte in ihrer Entwicklung vorausbestimmen. Eine bedenkliche praktische Folgerung aus dieser naturalistischen Geschichtsauffassung ist die Forderung Spenglers, daß sich der einzelne, als Glied und Träger seiner mit **unausweichlicher** natürlicher Notwendigkeit eintretenden historischen Epoche in die Richtung dieses notwendigen Zeitgeistes einstellen soll. Dies ist aber ganz der Fall bei der Gestalt des Gottfried von Berlichingen, wie sie der junge Goethe aus seiner eigenen naturalistischen Welt- und Geschichtsauffassung heraus darstellen mußte. Diese Auffassung indes sollte heute überwunden sein, nachdem der **deutsche Idealismus**, im besonderen Fichte, das Wesen der geschichtlichen Betrachtung in dem Sinne zu tiefst begriffen hat, daß er die **schöpferische, freie, sittliche und vorbildliche Persönlichkeit** als den hervorragenden Träger und Gestalter des geschichtlichen Ablaufes erkannt hat.[2])

---

[1]) Eine naturalistische Geschichtsanschauung, die, wie wir gesehen haben, bei Spengler durchaus nicht neu ist, sondern die wir bereits bei Jbn Chaldun, Vico, Herder antreffen; vgl. S. 12.

[2]) Durchaus maßgebend wird der Einfluß Fichtes auf Carlyle, für dessen Geschichtsphilosophie die Freiheit des moralischen Individuums der Ausgangspunkt ist. Die schöpferischen Persönlichkeiten sind die eigentlich treibenden Kräfte der Weltgeschichte; die „heroes" schaffen sich zum großen Teil ihre eigene Zeit. Vgl. Hensel, P., Thomas Carlyle, Stuttg. ³1922.

§ 6. Allgemeine Darlegung des Gedankengehalts des „Gottfried".

Im August 1771 war Goethe aus Straßburg nach Frankfurt zurückgekehrt. In dem Briefe an Salzmann vom 28. November desselben Jahres[1]) erwähnt er zum ersten Male den „Gottfried". Die erste Niederschrift der Dichtung besitzen wir aus demselben Jahre unter dem Titel „Geschichte Gottfriedens von Berlichingen mit der eisernen Hand dramatisiert". Diese Daten allein legen die Vermutung nahe, daß diese Fassung des „Götz" durchaus unter dem Eindruck der Stimmung entstanden ist, die sich in Goethe in Straßburg unter dem Einfluß Herders entwickelt hat. Wir gehen demnach nicht fehl in der Annahme, daß im „Ur-Götz" die ursprüngliche Idee der Dichtung am unmittelbarsten zum Ausdruck kommt. Darum ist der vorliegenden Bearbeitung die erste Fassung zugrunde gelegt. In einer eingehenden Zergliederung derselben unter Berücksichtigung des leisesten Winkes des Dichters wird versucht, aus dem Gedankengehalt der Dichtung selbst heraus den Beweis zu erbringen, daß im „Gottfried" die naturalistische Geschichtsauffassung des jungen Goethe zum dichterischen Ausdruck gelangt ist.[2])

Die eingehende Analyse des „Gottfried" legt die pandynamische Anschauung klar, mit der Goethe den Ablauf des menschlichen Geschehens in denselben kausalen Zusammenhang verkettet sieht, der die organische Welt bindet. Aus diesem geschichtlichen Naturalismus heraus ist die Dichtung

---

[1]) Abgedruckt bei Morris, Der junge Goethe II, S. 117.
[2]) Da diese Arbeit mit bedachter Einseitigkeit die Aufgabe verfolgt, den Gedankengehalt der Dichtung in Ansehung des historischen Naturalismus des jungen Goethe aufzuzeigen, so bleiben die stofflich-biographischen und ästhetisch-formalen Elemente des „Götz", die in der Literatur wiederholt eine eingehende Darstellung gefunden haben, außer Betracht. Beabsichtigt ist lediglich eine methodisch tunlichst erschöpfende Herausarbeitung des gedanklichen Kerns.

zu verstehen, denn die genaue Zergliederung ihres Gedankengehalts macht deutlich, daß der junge Goethe bei der dichterischen Gestaltung seiner „Geschichte Gottfriedens von Berlichingen" geleitet ist von der geschichtsphilosophischen Idee, daß die geschichtliche Bewegung des deutschen Volkes verläuft im Sinne der natürlich-notwendigen Entwicklung, die in der organischen Natur vom Werden und Wachsen über die Blüte und Reife zum Verfall führt und im Leben des Einzelwesens sich als die unausweichliche Folge von Kindheit — Jugend — Mannesalter — Greisenalter darstellt. **Die Geschichte des deutschen Volkes wird von dem Dichter verstanden nach der neuen naturalistischen Lehre vom notwendigen weltgeschichtlichen Entwicklungsablauf.**

Die Gestalten der Dichtung sind in diesen natürlichen Entwicklungsablauf eingeordnet. Drei Hauptgruppen treten heraus, von denen jede — wie wir sehen werden, durchaus im Anschluß an die Herdersche Wesensbestimmung der einzelnen Entwicklungsalter — die unterscheidenden Züge einer selbständigen Entwicklungsstufe trägt. Die Vertreter des deutschen Mittelalters sind deutlich gegen die der neuen Zeit abgesetzt, wobei Gottfried von Berlichingen, seine Gemahlin Elisabeth, Selbiz, Lerse und der jugendliche Georg das Mannesalter der deutschen Geschichte verkörpern, während die Gruppe der Fürsten und der diesen geistesverwandten Gestalten mit den Wesenszügen des Greisenalters unverkennbar ausgestattet ist.

Zur Beleuchtung der natürlichen Gesamtentwicklung des deutschen Volkes und als Hinweis auf seine Überzeugung vom naturnotwendigen Ablauf geschichtlichen Geschehens führt Goethe weiterhin die Zigeuner in die Dichtung ein. In ihnen schildert er den Typus eines Urvolks, die Kindheitsstufe, die jedes Volk in seiner natürlichen Entwicklung durchlaufen muß.[1]

---

[1] Nur so erhält das Auftreten der Zigeuner — im „Ur-Götz" durchaus unvermittelt! — eine innere Begründung, während die Zigeunerszene anders kein organisches Glied in der Ökonomie der Dichtung bilden würde.

Das Kindesalter ist auch für das deutsche Volk vorauszusetzen. Es würde bei ihm eigentlich durch die Zeit des alten Germanien vertreten sein, doch eine eingehende Schilderung dieser Zeit im Rahmen der Dichtung würde die künstlerische Einheit gestört haben. Darum mußte Goethe davon Abstand nehmen; es genügte ihm, durch die Zigeuner allgemein auf dieses erste Entwicklungsstadium hingewiesen und damit den naturalistischen Grundgedanken des Dramas unterstrichen zu haben. Goethe interessiert das Verhältnis seiner Zeit zu den vorausgehenden Jahrhunderten stolzer deutscher Geschichte im Mittelalter, ein Problem, das seine Zeit beschäftigte (nationale Romantik).[1] Er sucht diese Zeitfrage von sich aus im Sinne seiner geschichtsphilosophischen Anschauung zu lösen: **die Entwicklung vom Mannesalter zum Greisenalter im besonderen wird im „Gottfried" veranschaulicht.**

Im natürlich-notwendigen Fortgang seiner Geschichte ist das deutsche Volk, wie vorauszusetzen ist, aus seiner Kindheit zum Mannesalter erwachsen. In derselben zwangsläufigen Bewegung begriffen, fällt es nun von dieser Höhe seiner Entwicklung zum Greisenalter ab. An dieser Wende vom Mannesalter zum Greisenalter stehen wir in der Dichtung. Das deutsche Mittelalter mit dem ihm eigenen Lebensgefühl, die Zeit des ritterlich-feudalen Staatsideals wird aus innerer Notwendigkeit überwunden und abgelöst von der neuen Zeit des fürstlichen Absolutismus mit einem völlig anders gearteten Lebensgrund. An einer hervorragenden Stelle in diesem Stadium natürlich-notwendiger Umlagerung im geschichtlichen Werdegang des deutschen Volkes sieht der Dichter Gottfried von Berlichingen.

In der Gestaltung des Lebensschicksals dieser bedeutenden Ritterpersönlichkeit erkennen wir mit deutlicher Klarheit den Sinn der geschichtsphilosophischen Anschauung des jungen Goethe. In Gottfried von Berlichingen als Inbegriff der Vorzüge des Mannesalters des deutschen Volkes gelangt das

---

[1] Vgl. darüber S. 23 f.

deutsche Mittelalter zur höchsten Entfaltung aus den dieser Zeit eigentümlichen Bedingungen heraus. Als gewaltige Persönlichkeit ragt er auf und ringt in erbittertem Kampf um den Bestand seines Zeitideals. Umsonst. Denn seine Zeit ist natürlich-geschichtlich überwunden und mit Notwendigkeit rückt **unaufhaltsam — wie ein Naturgeschehen — die neue Zeit an ihre Stelle.** Die Träger des neuen Lebensprinzips triumphieren darum über Gottfried, **das Greisenalter überwindet das Mannesalter des deutschen Volkes im natürlichen Entwicklungszug seiner Geschichte.** Die Fürsten, die Vertreter eines schwachen und sittlich entarteten Zeitalters, mit denen aber das geschichtliche Recht ist, behalten die Oberhand über den kraftvollen, sittlich-ungebrochenen frommen Reichsritter, der jedoch einer Zeit angehört, die im gesetzmäßigen Zusammenhang des Geschehens ohne Rücksicht auf Ethik und Frömmigkeit von einer anderen Entwicklungsstufe überholt wird.

Denn Gottfried von Berlichingen kommt nicht aus persönlicher Schuld zu Fall, sondern er muß dem objektiven Zug der Geschichte erliegen. Jede Wertbeziehung und Wertbeurteilung bleibt fern, die durchgängige Kausalität des gesamten Weltgeschehens schließt jede ethische Fragestellung aus. Es gibt nur ein Müssen, kein Sollen.

Es ist offenbar, daß bei der Zeichnung der Gestalten im „Gottfried" die Sympathien des Dichters der Gottfried-Gruppe, den Vertretern des deutschen Mittelalters, gehören. Der junge Goethe folgt damit dem **national-romantischen Zug seiner Zeit**, wie er sich vor allem in **Klopstocks** Bardiet der „**Hermanns-Schlacht**" (1769) niedergeschlagen hat. Doch in einem entscheidenden Punkte weicht er von dieser Zeitströmung ab. Klopstocks Vorgänger, **Lohenstein** in seinem „**Arminius**" (1690), **Elias Schlegel** in seinem „**Hermann**" (1747), Klopstock selber und vor allem die Schweizer, zuvörderst **Bodmer**, glaubten die mittelalterlichromantischen Ideale wiederbeleben zu können.[1]) Der junge Goethe hatte sich in tiefgehender Weise das Individualitätsprinzip Herders in seiner Anwendung auf historische Gemeinschaften und Bewegungen zu eigen gemacht. Wenngleich er — mit Herder — im Mittelalter den Höhepunkt der deutschen Geschichte erblickt, dem gegenüber die folgende Zeit einen Abstieg und Verfall bedeutet, so ist er wie sein großer Anreger von der Überzeugung durchdrungen, daß die Zeit des mittelalterlichen Lebensideals unwiederbringlich vergangen sei, geschichtlich überwunden durch die neue Zeit, die der natürliche Gang der Geschichte heraufgeführt habe. **Goethe ist bestrebt, das Mittelalter sowohl wie die es ablösende neue Zeit je aus ihren einzigartigen natürlich-geschichtlichen Voraussetzungen heraus zu verstehen und zu beurteilen.** Die natürlichen Voraussetzungen haben sich gewandelt. **Aus dieser Erkenntnis heraus verurteilt der junge Goethe die nationalromantische Anschauung,** die sich aus der irrigen Annahme herleitet, daß das Zeitideal einer vergangenen geschichtlichen Epoche in einer folgenden bewußt wiederbelebt werden könne.

In der Wesensbestimmung der einzelnen geschichtlichen Entwicklungsalter — der Kindheit, der Manneszeit und des Greisenalters —, die das deutsche Volk wie jedes andere im natürlichen Zug seiner Geschichte zu durchlaufen hat, hält sich Goethe eng an Herdersche Vorstellungen. Die eigentümlichen geschichtlichen Entwicklungsmerkmale, unter deren Gesichtspunkt Herder in seinen Schriften immer wieder die einzelnen geschichtlichen Entwicklungsalter eines Volkes, und damit auch des deutschen, betrachtet und beurteilt, zieht auch Goethe zur Kennzeichnung der drei in der Dichtung vertretenen Entwicklungsalter heran.

---

[1]) Die Entwicklung der romantischen und nationalen Strömungen in der deutschen Literatur des 18. Jahrhunderts bis 1771 hat Hagenbring (a. a. O.) eingehender verfolgt.

Die Kindheit (Zigeuner) ist jene Stufe in der Entwicklung der Menschheit, und damit auch des deutschen Volkes, wo das Gefühl als die naturgegebene, ursprüngliche Seelenkraft im Menschen völlig ungebrochen alle Lebensregungen bestimmt und trägt. Naturhafte Kraft in jeder Äußerung ihres Wesens, in ihrer Wirksamkeit in der Welt, naive religiöse Vorstellungen, unverderbte Sittlichkeit und natürliche Rechtsanschauung, urzeitliche Vergesellschaftung kennzeichnen die Menschen auf dieser Stufe schlechthin als Ur- und Naturvolk (ganz die Rousseau-Herdersche Anschauung!).

Der naturhaft-starke Untergrund aus seinem Kindheitsstadium bleibt dem deutschen Volk auch auf der Höhe seiner natürlichen Entwicklung, im Mannesalter, erhalten. Gottfried von Berlichingen und die ihn umgebende Schar, die als Vertreter des reichsunmittelbaren Rittertums das Mannesalter verkörpern, erwachsen durchaus aus diesem Daseinsgrund. Es sind naturwüchsige, kraftvolle, tatgespannte Gestalten. In ihnen wirken Gefühl und Verstand in maßvoller Ausgeglichenheit. Das Gefühl als durchaus edle Regung ist ebenso ausgeprägt wie der unverkünstelte Verstand, der sich in unmittelbarer Anschauung und in steter Wechselbeziehung mit der Erfahrung bildet. Der gesunde Ausgleich zwischen diesen beiden Seelenregungen bedeutet wie für Herder so auch für Goethe den wesentlichen Zug des deutschen Volkes auf der Höhe seiner Entwicklung. Das Naturhaft-Ungebrochene bestimmt auch die Sittlichkeit der Deutschen im Mannesalter ihrer Geschichte; es sind Menschen mit ausgeprägtem sittlichen Verantwortlichkeitsgefühl und einem Zug weltförmiger Frömmigkeit. Ein starkes Gefühl persönlicher Treue bindet die Menschen. Die Gestalten der Gottfriedgruppe sind daher die Träger des feudalen Staatsideals; unter Wahrung ihrer persönlichen Freiheit ordnen sie sich dem berufenen Oberhaupt des Reiches unter.

Im Greisenalter, das in der Dichtung durch

die fürstlichen Reichsstände vertreten wird, in der neuen Zeit, die mit natürlicher Zwangsläufigkeit an die Stelle des Mittelalters rückt und damit die Manneszeit des deutschen Volkes ablöst, sind die elementaren Energien der Kindheit und des Mannesalters abgeschwächt oder zerfallen. **Der Geist der Schwäche bestimmt die Menschen und herrscht in der Welt.** Das starke und edle Gefühl ist verdorben und entartet oder ganz geschwunden. **Der kalte, nüchterne, begriffliche Verstand waltet vor** und versucht, alles nach lebensfremden, abstrakten Grundsätzen zu regeln. Es ist die Zeit der Unnatur. **Auch das starke Band gesunder Sittlichkeit zerfällt.** Schrankenloser **Ehrgeiz** und krasse **Selbstsucht** stacheln die Menschen. Ausgeprägter **Individualismus** mißachtet die Gemeinschaftsbindung. In skrupelloser Weise hängen die Hauptgestalten des Greisenalters, die Vertreter der Fürstengruppe, dem neuen politischen Staatsideal des **Absolutismus** an, indem sie ihren selbstsüchtigen Neigungen das Wohl des Staatsganzen opfern.

Die eingehende Zergliederung der Dichtung offenbart die bedeutsame Tatsache, daß die im obigen Sinne gekennzeichnete Stufenfolge der bestimmenden Merkmale eines jeden der drei Entwicklungsalter bis in die Charakteristik einzelner Erscheinungen durchgeführt ist. Es genügt im Rahmen dieser allgemeinen Bemerkungen, auf die Linienzüge hinzuweisen, wie sie aus der angehängten schematischen Darstellung (Tafel 1) klar werden. Die genaue Schilderung der einzelnen Tatsachen bleibt der folgenden erläuternden Zergliederung überlassen.

Die Gestalten der Gottfriedgruppe und die der Fürstengruppe stellen sich als einheitliche Wesenheiten dar, die je von dem eigentümlichen Daseinsgrund der beiden Hauptentwicklungsalter, der Manneszeit und des Greisenalters, ausschließlich bestimmt sind. Neben diesen geschlossenen Gestalten steht in der Dichtung an der geschichtlichen Wende vom Mannes- zum Greisenalter eine Gruppe von Gestalten, die deutliche Züge des Übergangs tragen. In diesen **Mittel-**

gestalten sind Elemente des Mannesalters noch wirksam, während bereits der Geist des Greisenalters in bemerkenswerter Weise wesensmitbestimmend spürbar wird.

Entsprechend den vorstehenden Darlegungen wird die folgende Zergliederung und Erläuterung des Gedankengehalts des Gottfried im steten Hinblick auf zwei Gesichtspunkte durchzuführen sein: aus der Gesamtanlage des zweiten Teiles muß die Entwicklungskurve klar werden, die vom Kindesalter zum Mannesalter hinaufführt und dann zum Greisenalter abfällt; zum andern muß erwiesen werden, daß sich das Schicksal der Gestalten aus innerer Notwendigkeit im Sinne von Goethes naturalistischer Auffassung der Geschichte gestaltet.

II. Erläuternde Zergliederung der „Gottfried"-Dichtung.

A. Das Kindesalter: die Zigeunergruppe.

§ 7. Die allgemeinen Wesenszüge dieses Entwicklungsalters. — Parallelen bei Herder.[1])

Die Zigeuner sind an dem Punkt in die Dichtung eingeschoben, wo Gottfrieds Zeit, das Mannesalter, sich endgültig neigt und das Greisenalter des deutschen Volkes hereinbricht; Adelheid, die überragende Gestalt dieses Entwicklungsalters, rückt beherrschend in den Vordergrund. In das Dunkel der Waldnacht, mitten unter die Zigeuner, tritt das glänzende, höfische Weib. **Die Kindheit wird scharf gegen das Greisenalter abgesetzt.** Offenbar nicht ohne Absicht läßt uns Goethe an der geschichtlichen Wende vom Mannesalter zum Greisenalter in wirkungsvoller Weise einen Blick tun in die Kindheit eines Volkes, die durch das Mannesalter ebenso notwendig überwunden wird wie dieses das Greisenalter über sich hinwegschreiten lassen muß.

Die Zigeuner sind **Naturmenschen.** Als solche verleben sie ihr Dasein in der rauhen, unbe-

---

[1]) Die Angabe der Stellen im Text wird auf besonders wichtige Belege beschränkt; die hochgerückten Ziffern bedeuten dann die Seitenzahlen in Max Morris, der junge Goethe, 2. Band. Lpzg. 1910 (z. B. 234/o = 234 oben, m = Mitte, u = unten). Aus den Herderschen Schriften werden von den sehr zahlreichen Parallelen nur die besonders entscheidenden angeführt. Die röm. Ziffern bedeuten die entsprechenden Bände von B. Suphan, Herders sämtliche Werke, Bln. 1877.

rührten Natur, im Nebelgeriesel, im tiefen Schnee, im wilden Wald, in der Winternacht. Sie wohnen an der Erd und schlafen auf der Erd, und als echte Söhne der Natur bekennen sie sich ausdrücklich. Primitiv in Horden vergesellschaftet, ist dieses Naturvolk nicht bodenständig, sondern irrt in der Welt umher; als Nomaden kennen sie kein Eigentum an Boden. Sie treiben Jagd in der niederen Form, indem sie Hasen erlegen und Hamster fangen. Rauh und dürftig ist das Naturleben der Zigeuner; sie verlangen nichts als wüste Heide, dürres Gesträuch und Luft und Wasser. Sie nähren sich von dem, was die Natur bietet; sie essen Hamster, Wieseln und Feldmäuse. Ihre Armut wird mehrmals betont.[1])

Dieses rauhe Naturleben prägt ihre körperlichen und seelischen Eigenschaften. Die Zigeuner sind abgehärtete, widerstandsfähige Naturmenschen, die es selbst unbekleidet nicht friert, vorm Schneegestöber nicht schauert; ihre Weiber gebären in der freien Natur, hinterm Zaun, ohne Pflege. Ausdauernd liegen die Zigeuner halbe Nächte auf der Erde. Sie sind gewandte und listige Naturburschen mit scharfen Sinnen, die mit den Reitern Schabernack treiben. Wagemutig, an die Natur gewöhnt, klettern sie, den Naturgewalten zum Trotz, zwischen den Felsen umher. Furchtlos gegen die Natur, bleiben sie unerschrocken vorm Irrlicht im Sumpfgebüsch, vorm feurigen Mann, und schauern nicht vorm Geheul der Wölfe und Krächzen der Gespenster.[2])

Mit der ganzen Ursprünglichkeit ihres unzerspaltenen Wesens stehen und wirken die Zigeuner in der Welt.[3]) Das starke, unmittelbare Ge-

---

[1]) Der erste Zustand eines Volkes war ein Stand der Dürftigkeit und Stärke gewesen (II, 69).

[2]) Am lebhaftesten wirken noch Sinnlichkeit und roher Scharfsinn und Schlauheit und mutige Wirksamkeit, da die ganze ungeteilte menschliche Seele immer in einem Kreise von Bedürfnissen, von Gefahren, von andringenden Erfordernissen ganz lebt (V, 110).

[3]) Mit einem muntern, proportionierten Gebrauch aller Sinne (IV, 454). — Genuß sein selbst auf die unzergliederlichste Weise (V, 481).

fühl bestimmt alle Regungen ihrer Natur.¹) Im rauhen Körper dieser Naturmenschen wirkt die natürliche Sinnlichkeit, die sich mitunter spontan zur Leidenschaftlichkeit steigert.²) In rastloser Tätigkeit, zwischen Bedürfnis und Genuß streicht ihr Leben dahin.³) Jeder Hang zum begrifflichen Denken bleibt ihnen fremd.⁴)

Dieses Urvolk gelangt nicht zu einer verstandesmäßig-begrifflichen Erfassung des Weltgeschehens oder gar zur Vorstellung eines die Menschen lenkenden und richtenden Weltschöpfers. Die Weltanschauung dieser Primitiven erschöpft sich in naturmythologischen Vorstellungen. Die Welt erscheint den sinnlichen Menschen lebend und handelnd; der Grundzug ihres Wesens drängt nach Veranschaulichung und Vermenschlichung. Mit poetischer Wirkungskraft kommen die religiösen Vorstellungen des Naturvolks zum Ausdruck.⁵)

Ungewöhnliche Naturerscheinungen erregen das Staunen dieser Primitiven.⁶) Sie wähnen hinter ihnen das Wirken geheimnisvoller seelischer Kräfte,

---

¹) Gefühl ist der Mensch ganz: das ist der Stamm der Natur, aus dem die zärteren Äste der Sinnlichkeit wachsen und der verflochtene Knäuel, aus dem sich alle feineren Seelenkräfte entwickeln (V, 67). — Da man noch wenig dachte, aber desto mehr fühlte (I, 153).
²) Der Instinkt, der in jedem Geschöpf einzeln so gewaltig treibet, als dieser in ihm gesammelte, gesunde Naturtrieb nur wirken kann (V, 480).
³) Ein große, mutige Familie, an die Welt mit Bedürfnis und Genuß geheftet (V, 480).
⁴) Sie sind mehr durch Tätigkeit als Spekulation gebildet (V, 182). — Die Seele des Volkes, die doch nur fast sinnlicher Verstand und Einbildung ist (V, 185).
⁵) Wenn der Wilde denkt, daß dies Ding einen Geist hat, so muß ein sinnlich Ding da sein, aus dem er sich den Geist abstrahiert (V, 80).
⁶) Alles mit Einbildung, Staunen, Bewunderung erfassend — unwissend und dadurch auf alles begierig (V, 485). — Der Mensch staunt alles an, ehe er sieht (ebda.).

die sie sich dann unter mannigfachen Erscheinungsformen als Geister vorstellen. Wenn der Sturm tobt, zieht über die Naturmenschen der wilde Jäger mit bellenden Hunden unter Jagdgeheul und Peitschengeknall hinweg. Eine Lichterscheinung in der Natur wird ihnen zum feurigen Mann oder sitzt als Irrlicht im Sumpfgebüsch und spukt auf der Heide.[1]) Zu diesen Vorstellungen gesellt sich die der „Währwölfe", in deren Gestalt sich die Weiber verwandeln können.

Was wir bei den Zigeunern als Religion antreffen, das findet seinen Ausdruck in dem Verhältnis der Menschen zur Geisterwelt. Wenn er auch im allgemeinen vor den Dämonen bangen muß, so glaubt der Naturmensch doch wieder Gutes von ihnen erwarten zu dürfen (gute Geister 240 u.).[2])

Eng mit ihren Geistervorstellungen hängt der **Zauberglaube** der Zigeuner zusammen. Wohl wähnen sie sich in der Gewalt der Dämonenwelt, doch fühlen sie sich auch selber im Besitze geheimnisvoller Kräfte, mit deren Hilfe sie drohendem Unheil von seiten der Dämonen entgegenwirken können. Durch Namensnennung brechen sie den Werwolfzauber, und auch sonst üben sie zahlreiche Zauberkünste aus. Die Zigeuner geben der Kuh die Milch wieder, vertreiben Warzen und Hühneraugen, löschen den Brand im Dorf, machen, daß dem Jäger die Büchs versagt. Zum Sympathiezauber und den geheimen Künsten gesellt sich die **Wahrsagekunst** der Zigeunerweiber. So sehr sind die Zigeuner in eine geheimnisvolle, zauberhafte Anschauungswelt versponnen, daß sie selbst einfache Listen und natürliche Geschicklichkeiten für Zauberwirkungen halten 235/u, 236/u.

---

[1]) Die menschliche Seele kann sich keiner Abstraktion aus dem Reiche der Geister erinnern, zu der sie nicht durch Gelegenheiten und Erweckungen der Sinne gelangte. Alle Abstraktionen sind voraus Sinnlichkeiten gewesen: der Geist war Wind, Hauch, Nachtsturm. Die Seele hieß der Odem, der Zorn das Schnauben der Nase usw. (V, 78).

[2]) Kindliches Religionsgefühl (V, 485).

Die Sittlichkeit der Zigeuner ist vorzüglich dadurch gekennzeichnet, daß sie von Natur aus gut sind.[1]) Kommt diese natürliche Güte schon in dem offenbaren Familiengefühl, das die Zigeunerverwandtschaft eint, in der mit Bewunderung, Stolz und Achtung gepaarten Liebe der Zigeunermutter zu ihrem verstorbenen Manne und in der fürsorglichen Liebe zu ihren beiden Söhnen[2]) zum Ausdruck, so ist sie vor allem durch einen Zug allgemeiner Menschenliebe bei den Zigeunern gekennzeichnet. Bei all ihrer wilden Naturhaftigkeit sind sie nicht nur harmlos, tun niemandem Leids, sondern sind gutmütig, menschenfreundlich, indem sie das Land für die andern von Ungeziefer säubern, und mitleidig, da sie sich der Bedrängten annehmen; die Zigeuner sind gastfreundlich, hilfsbereit bis zur Selbstentäußerung und uneigennützig in ihrem Dienst am Nächsten. Sie sind keine Räuber, sondern begnügen sich mit Geschenken.

In ihrer Rechtsauffassung sind die Zigeuner im letzten Grunde von einem natürlichen Gefühl gegen das Unrecht bestimmt — eben eine Äußerung ihrer allgemeinen Menschenliebe. Aus natürlichem Rechtsgefühl streben die Zigeuner, das allgemeine Unrecht zu bekämpfen und halten sich zur Selbsthilfe befugt. Primitiv sind diese Söhne der Natur auch gesellschaftlich gebunden. In Horden zusammengerottet, fühlen sie sich im Gehorsam gegen ihren Hauptmann gebunden. Der Führer genießt Autorität im Sippenstaat.[3]) Von den Fürsten fühlen sie sich unabhängig und machen ihnen gegenüber nur den naturrechtlichen Anspruch auf den dürren Boden für eine Nacht geltend.

[1]) Die Menschen im Kindesalter sind geneigt, auf alles Gute geführt zu werden (V, 485).

[2]) Eltern= Gatten= Kinderliebe statt Artigkeit und Ausschweifung (V, 479).

[3]) Ansehen, Vorbild, Autorität allein herrschen (V 482). — Natürlich ist der Gehorsam unter väterlichen Willen, — ehrfurchtsvolle Ergebung in den Wink des Obern, der das Andenken alter Zeiten hatte (V, 484).

§ 8. Die Sprache der Zigeuner.[1]

Unmittelbar, natürlich-notwendig gelangt das Wesen des Zigeuner-Urvolks in seiner Sprache zum Ausdruck. Alle natürlichen geistigen Kräfte sind in den Zigeunern als dem Typus eines Volkes im Kindheitsalter in eine Einheit und Ganzheit zusammengefaßt. Ihre Wesenseigentümlichkeit spiegelt sich in ihrer Sprache.[2]

Die Sprache der Zigeuner[3] ist eine **Natursprache**.

Die Dinge und Erscheinungen der den Zigeuner-Urmenschen umgebenden Natur geben sich am eindrucksvollsten seinem Gehör kund. Das Nachklingen der Naturtöne liefert die ersten Sprachwurzeln in der

---

[1] Die eingehende Untersuchung der Zigeunersprache läßt keinen Zweifel, daß der junge Goethe bei deren Charakteristik völlig unter dem Einfluß der sprachphilosophischen Ideen Herders steht. Ein Vergleich mit Herders Gedanken über die Entstehung und das Werden der Sprache erweist mit aller Sicherheit, daß Goethe bei der Charakteristik des Zigeuneridioms bis in kleinste Züge den Herderschen Anschauungen im „Ursprung der Sprache" und im „Ossian-Aufsatz" (vgl. S. 14 f.) gefolgt ist. Man ist versucht anzunehmen, daß Goethe das sprachphilosophische und -psychologische Programm dieser Schriften in der Sprache der Zigeuner ins Dichterische umsetzen wollte. Diese Überlegung veranlaßt und rechtfertigt die eingehendere Darstellung der Zigeunersprache.

[3] Eine Sprache in ihrer Kindheit? man nenne dies Zeitalter, wie man wolle, es bleibt ein Zustand der rohen Natur: Natur war damals noch alles: Kunst, Wissenschaft — Schriftsteller, Weltweisen, Sprachkünstler gab es noch nicht: alles war Volk, das sich seine Sprache bildete. Bis auf Eigensinn, Unwissenheit, Irrtümer und Dürftigkeit muß also die älteste Sprache ein Spiegel der Nation und des Zeitalters sein: man untersuche die Natur des letztern, so hat man die Natur des erstern, der Sprache in ihrer Kindheit (II, 69).

[4] Zu deren begrifflicher Darstellung wird zwischen der Sprache des Eingangsgesanges und der der Gesprächsprosa kein Unterschied gemacht aus einem tieferen Grund, der weiter unten (S. 37) ersichtlich.

Art der Naturlaute:[1] wau, wau, wau; — withe hu. Darum sind volltönende Vokale vorherrschend: Ich hör der Wölfe Hungergeheul, ich hör der Eule ...; — wille wo wo wo; — holla ho! holla ho!, und einsilbige Wörter häufig.[2] Diese gewinnt der Dichter durch Apokope; denn die Endungen weisen als logische Bestandteile einer Sprache auf gedankliche Zusammenhänge hin, die diesen Naturmenschen fremd sind: Stras; — halb Nacht; — fürcht(ete); — Deck; — Seel; — Büchs. Die tönende Welt erscheint dem Naturmenschen als lebend und handelnd, wie er selbst in rastlose Wirksamkeit eingespannt ist; daher der weitgehende Gebrauch von Tätigkeitswörtern, Verben,[3] und zwar vornehmlich in aktiver Bedeutung. Bezeichnend für den einfachen Charakter der Ursprache ist auch, daß diese Verba, bis auf zwei Ausnahmen in den Worten des Zigeunerhauptmanns,[4] nur in einfachen Zeitformen vorkommen.

Urtümlichem Sprachstand entspricht ferner knappe, gedrängte Ausdrucksweise. Kein logischer Periodenstil; an dessen Stelle abgerissene Rede,

---

[1] Unwillkürliche Natursprache (V, 149). — Das erste Wörterbuch war aus den Lauten aller Welt gesammelt. Von jedem tönenden Wesen klang sein Name (V, 52). — Die ältesten Sprachen unmittelbar nach der lebenden Natur gebildet (II, 71). — Das älteste Wörterbuch ein tönendes Pantheon (V, 54). — Die alte Poesie von diesen Naturtönen belebet (V, 16).

[2] Eine Sprache in ihrer Kindheit bricht einsilbige Töne hervor (I, 152).

[3] Tönende Verba sind die ersten Machtelemente. Tönende Verba! Handlungen und noch nichts, was da handelt! Prädikate und noch kein Subjekt (V, 52)! — Da nichts den Menschen so angeht, und wenigstens so sprachartig ihn trifft, als was er erzählen soll, Taten, Handlungen, Begebenheiten: so muß sich ursprünglich eine solche Menge Taten und Begebenheiten sammeln, daß für jeden Zustand ein neues Verbum wird (V, 83).

[4] Zur besonderen Bedeutung dieser Formen siehe S. 38.

übergangslos aneinander gereihte Sätze:¹) „Einen Hasen, Mutter, da! — Einen Hamster." — „Ein harter Sitz. Edel, schön." Ebenso unbekümmert ist der Primitive um grammatikalische Zusammenhänge:²) „wenn's Irrlicht kommt und der feurige Mann." Er verzichtet auf Unterordnung: „daß sie meinen, sie wären beisammen und sind weit auseinander" (statt: während sie doch weit auseinander sind); dafür werden häufig die Bindewörter wiederholt: „und Reupel und Bärbel und Lies und Gret"; — „ich schwieg und schaudert nicht und ging vorbei"; — „er macht, daß..., daß..., daß..." Die Ursprünglichkeit der Zigeunersprache kennzeichnen schließlich auch mundartliche Formen: nit; — is; — Mueter; — druckt.

Die Sprache der Zigeuner ist eine Gefühlssprache.

Alle Seelenregungen des Naturmenschen bindet und beherrscht das Gefühl in seiner ungebrochenen Stärke und in seiner ganzen Ursprünglichkeit. Das Gefühl liegt allen Sinnesempfindungen zugrunde. Triebhaft-notwendig drängt es nach Ausdruck, will es sich in Laut umsetzen. Jede verstandesmäßige Überlegung fehlt; alles in den Zigeunern ist Empfindung, leidenschaftliche Bewegung.³) Die starken Gefühlsregungen brechen in stoßweise aneinandergereihte Affektsätze aus:⁴) „Das ist mein Sohn! Seh ihn an! — Wie er stolz und wild aussieht!" Das zwischen dem Hauptmann und den drei Zigeunern geführte Gespräch über die vorüberziehende wilde Jagd erschöpft sich in einem raschen Wechsel von Interjektionen.

---

¹) Die Sprache war noch in den Verbindungen ungefesselt: der Periodenstil fiel auseinander, wie er wollte (I, 153).

²) Je ursprünglicher die Sprache, desto weniger Grammatik (V, 82).

³) Es ist eine unwillkürliche Natursprache, eine unerdachte, unerfundene, unmittelbar hinausgetriebene Äußerung einer gewissen fühlbaren Saite der Natur (V, 149).

⁴) Die ältesten Sprachen sind voll von Ausrufen, ... eine fortgehende Interjektion der Natursprache (V, 10).

Als Gefühlssprache will das Zigeuneridiom nicht verstandesmäßiger Erfassung genügen, sondern es malt für Auge und Ohr. Nicht durch den Verstand eingeschränkt waltet die Phantasie und wird in der Sprache **Bildlichkeit und Anschaulichkeit**; kein Zug abstrakter Ausdrucksweise.[1]) Diese bildhafte Anschaulichkeit zeigt sich in der Schilderung seines Jagdgangs durch den braunen Sohn und in der Beschreibung dieses Naturburschen durch seine Mutter. Häufig sind die sinnlich-anschaulichen Beiwörter: brauner Sohn; — schwarzer Sohn; — ins tiefe Tal; — dürrer Zaun. Nicht minder **malt die Gefühlssprache fürs Ohr**:[2]) „Ich hör der Wölfe Hungergeheul, ich hör der Eule Schrein", worauf dann im Einzelgesang die Tierlaute nachgeahmt werden: Wölfe: Wille wau wau wau — Wille wo wo wo; Eule: Withe hu. Auch Naturvorgänge finden lautmalende Nachahmung: im Nebelgeriesel; — da kam der Strom, der Schneestrom schoß.

Die eindringliche Anschaulichkeit dieser Gefühlssprache wird noch verstärkt durch **Wiederholung derselben Wörter**: ich kannt sie all, ich kannt sie wohl; — viel Feind habt ihr, viel Feind kriegt ihr; — mit dem letzten Mann, dem schönsten Mann. Die Anschaulichkeit fördert auch der **Parallelismus**, indem der Inhalt eines Wortes durch ein unmittelbar folgendes noch einmal zum Ausdruck gebracht wird: „da kam der Strom, der Schneestrom schoß mir um die Bein; — ich watet und stieg und watet; — er muß sich verzehren und verzehren und sterben."

Die urtümliche Eigenart und der gefühlsmäßige Charakter werden schließlich noch bewirkt durch die sprachlichen Ausdrucksmittel der **Alliteration**

---

[1]) Sie drücken immer die Sache, die sie sagen wollen, sinnlich, klar, lebendig, anschauend aus (V, 181). — Die ältesten Sprachen haben eine Art von sinnlicher Gestaltung, so wie die Sprachen der Völker beweisen, die in ihrem Jugendalter der Bildung leben (II, 71). — Die Sprache war sinnlich (I, 153). — Alle Abstrakta sind voraus Sinnlichkeit gewesen (V, 78).

[2]) Er redet nicht, sondern malet mit Worten (V, 197).

und der Vokalentsprechung:¹) wilden Wald — Winternacht (i: a; i: a); — hör ... Hungergeheul; — der Inversion:²) längst am Bach schlich ich her; — zwischen die Felsen klettert ich; — der Jäger gestern lernt ihn; und der Elision³) (bezw. Apokope): S'is Tauwetter; — wenn's — fein Weidmannsstückchen; — fließend Wasser; — um die Bein; — schaudert(e), klettert(e), watet(e).

Erweisen schon alle diese formalen Elemente mit Deutlichkeit den poetischen Charakter der Zigeunersprache,⁴) so wird dieser Eindruck noch erhöht durch die starke rhythmische Bewegung, die durch sie geht. Dieser unverkennbare Rhythmus schwingt auch in der Gesprächsprosa der Zigeuner. Er bedingt den einheitlichen poetischen Untergrund, der die gesprochene Sprache des Zigeunervolks mit dem Eingangslied wesensgleich erscheinen läßt.⁵) Wir folgern aus dieser Feststellung, daß der Urtypus der Zigeunersprache wesentlich Sprachgesang war.⁶) Der sprachsingende Charakter eignet vornehmlich dem Idiom der Zigeuneraltmutter und darum mögen wir in ihm füglich das früheste Stadium der Zigeunersprache erblicken. Es ist wohl auch kein Zufall, daß das Auftreten der Zigeuner mit einem Wechselgesang eingeleitet wird.

---

¹) Ähnliche Anfangssilben .. symmetrisch aufgezählt; ähnliche Anfangsbuchstaben; Vokale gleich, Silben konson (V, 165); — Symmetrie der Worte, Silben, sogar der Buchstaben (V, 164).

²) Inversionen! Sie sind der ursprünglichen, unentnervten, freien und männlichen Sprache besonders eigen (V, 200).

³) Die ursprünglichen Sprachen elidieren (V, 194).

⁴) Diese Beobachtung gestattete es, bei der begrifflichen Herausarbeitung der Zigeunersprache die Sprache des Gesangs und die der Gespräche im Zusammenhang zu behandeln.

⁵) Die erste Sprache eine Sammlung von Elementen der Poesie (V, 56).

⁶) Sinnlicher Rhythmus der Sprache (V, 170); — poetische Sprache (II, 75); — sprachsingende Zeiten; — singendes Zeitalter (II, 78).

Von dem ausgesprochenen Sprachgesang der Zigeuneraltmutter weicht die Sprache des Zigeunerhauptmanns bemerkenswert ab. Diese läßt in auf-
fallender Weise die rhythmische Bewegtheit vermissen
und an die Stelle bildhaft-anschaulicher Schilderung
ist bei ihm eine mehr sachlich-beschreibende Darstellung getreten. Ferner muß auf die Tatsache hingewiesen werden, daß ausschließlich die Sprache des
Zigeunerhauptmanns drei zusammengesetzte Zeitformen aufweist: Wolf **hat** sein Probstück brav **gemacht**; — den dürren Boden, darauf wir **ge-
boren sind**; — die andern, die **gegangen
sind**. Diese Beobachtungen gestatten die Annahme,
daß die Sprache des Zigeunerhauptmanns eine
spätere Stufe der Entwicklung der Zigeunersprache
darstellt. Der Hauptmann gehört einer jüngeren
Generation an, in deren Sprache das rein Gefühlsmäßige etwas geschwunden und der poetische Rhythmus mehr verklungen ist.

Das Zigeunerlied zeigt einen Einzelgesang
im Wechsel mit Chorgesang (Refrain, der sich in einfachen Interjektionen erschöpft,[1]) — eine durchaus
primitive Kunstform. In ziemlich kunst-
loser Weise[2]) besteht es aus drei Strophen mit je
drei Versen, die mit einer Ausnahme drei Hebungen
aufweisen, und einem Schlußvers mit drei Hebungen,
zu denen mehrteilige Senkungen gehören; sie sind
nicht durch Reim gebunden.

§ 9. Die einzelnen Zigeunertypen.

Das Zigeuner-Urvolk wird in der Dichtung vertreten durch die alte Zigeunermutter und ihre beiden
Söhne, von denen der eine abwesend ist, den Zigeunerhauptmann, vier andere Zigenur und einen Chorus
von Zigeunerinnen, der im Wechsel mit dem Gesang
der Zigeunermutter refrainsingend auftritt.

Als besonders gekennzeichnet treten aus dieser

---

[1]) Das Tanzmäßige des Gesanges (V, 161).
[2]) Kunstlose Rhythmik des Verses (V, 165).

Zigeunergruppe die Zigeunermutter,¹) deren beide Söhne und der Zigeunerhauptmann heraus.

Die schwarze Zigeunermutter hat von ihrem verstorbenen Mann das Idealbild des echten Naturmenschen bewahrt. Sie ist stolz auf ihren Mann und stellt ihn den Kindern als Vorbild hin. Gerne bekundet sie auch mütterlichen Stolz auf ihren Sohn. Ein Zug besonderer Fürsorglichkeit und Freundlichkeit ist ihr eigen. Als berufene Wahrerin der Zigeunerüberlieferung übt die Zigeunermutter die Wahrsagekunst, und sie ist es, die Adelheid den Gifttrunk mischt. Grell ist der Gegensatz zwischen der „schwarzen Mutter" als Vetreterin der primitiven Menschheit und der „blanken Mutter" Adelheid, deren Gestalt einen Strahl höfischen Glanzes in die rauhe Unberührtheit der Natur wirft. Die Sprache der Zigeunermutter hat das am meisten urtümliche Gepräge (poetische Prosa mit allen ihren Eigentümlichkeiten: durchgehender Rhythmus, Alliteration, Bildhaftigkeit, Elision, Inversion, Idiotismen usw.).

---

¹) Es könnte scheinen, daß neben dem Zigeunerinnenchor vier verschiedene Zigeunerinnen besonders hervortreten: 1. Die „älteste Zigeunerin", die das Zig.=Lied beginnt, 2. die „alte Zigeunerin", die es im Wechselgesang mit dem Chor weiterführt, 3. die „Mutter" mit dem braunen Sohn und 4. die „Zigeunerin" mit dem Sohne Wolf.

Daß der Gesang der ältesten Zigeunerin von einer zweiten Zigeunerin fortgeführt wird, ist nicht anzunehmen, da die gesamten vier Einzelgesänge des Zig.=Liedes im Rhythmus und Versmaß im wesentlichen gleichgeartet sind. Daß die „Mutter" und die „Zigeunerin" personengleich sind, erhellt daraus, daß 237/m die Mutter des zurückgekehrten Sohnes als „Zigeunerin" bezeichnet ist; außerdem spricht für die Identität der beiden der Umstand, daß 235/u vier Zigeuner ausdrücklich neu erwähnt werden, nicht aber eine weitere Zigeunerin. Die „Mutter" ist aber auch die Zigeunerin, die den Wechselgesang führt, denn sowohl 235/m als auch 234/m spricht sie von ihrem verstorbenen Mann. Wir glauben also annehmen zu können, daß „älteste Zigeunerin", „alte Zigeunerin", „Zigeunerin" und „Mutter" promiscue für dieselbe Zigeunerin gebraucht sind, die dann natürlich auch die Mutter der beiden Söhne ist.

Sie hat zwei **Söhne**. Der braune Sohn oder schwarze Sohn, dem die Mutter bei der Geburt das Nasbein eindrückt,[1]) ist der reine Typus des Naturburschen. Er sieht so wild aus wie die Natur selbst: hat Haare wie ein Dornstrauch, Augen wie's Irrlicht auf der Heide und Zähne wie Elfenbein. Sein Leben in der wilden Natur und sein Vertrautsein mit ihr wird anschaulich geschildert [235]. Er besitzt besondere Schlauheit und Gewandtheit und kennt keinerlei Furcht. Er ist selbständig und frühreif, denn er kann Künste wie der älteste. Er ist außerordentlich sinnlich und ungestüm in seiner Leidenschaftlichkeit, dabei aber gutmütig im Herzen. — Von dem jüngeren zweiten Sohn, Wolf, ist nur die Listigkeit hervorgehoben, mit der er Reiter verführt; dabei liegt er die halbe Nacht auf der Erde, bis er die Reiter hört.

Der **Hauptmann** des armen Volks der Zigeuner ist Johann von Löwenstein aus Klein-Ägypten.[2]) Weniger ungestüm und leidenschaftlich ist er der überlegtere Führer. Selbstbewußt genießt er die Autorität seiner Leute, deren wackere Taten ihn mit Stolz erfüllen. Hervorstechende Züge an seinem Wesen sind Gutmütigkeit, Leutseligkeit und Selbstlosigkeit. Die natürliche Güte des Naturvolks prägt sich gerade an ihm aus in der Uneigennützigkeit, mit der er unverdiente Geschenke zurückweist, wenngleich er für das eintritt, was seinen Leuten verdientermaßen zusteht: „Ich mag den Beutel nicht, wir sind keine Räuber". Im Zigeunerhauptmann ist die unverfälschte Naturhaftigkeit der Zigeunermutter und ihrer beiden Söhne nicht mehr in dem Maße ausgeprägt. Auch der Charakter seiner Sprache weicht, wie wir oben (S. 38) gesehen, von dem der Sprache der andern ab.

Wir folgern: innerhalb der Zigeunergestalten ist eine Entwicklung aus einer ältesten Zigeuner-

---

[1]) Herder: Brasilianer tritt zu seinem Sohn und nachdem er ihm die Nase eingedrückt und das Gesicht gefärbt, . . . (V, S. XII f.).

[2]) Nach Ägypten versetzt Herder die Entwicklung der Menschheit aus der Kindheit zum Knabenalter.

generation zu einer jüngeren anzunehmen, indem die Zigeunermutter (die „älteste Zig.", „die Alte") mit ihren beiden Söhnen jene vertritt, während der Zigeunerhauptmann in der Richtung der menschheitlichen Entwicklung vom Kindes- zum Mannesalter von dem ältesten Zigeunergeschlecht etwas abrückt.

B. Das Mannesalter: die Gottfriedgruppe.

§ 10. Die allgemeinen Wesenszüge dieses Entwicklungsalters. — Parallelen bei Herder.

Aus der Kindheit seiner Anfänge, in die uns Goethe durch die Zigeuner als den Typus eines Urvolks einen Blick werfen läßt, erwächst das deutsche Volk im natürlich-notwendigen Werdegang seiner Geschichte zum Mannesalter. In einer stetigen Entwicklung bilden sich die Grundkeime, die das Wesen des Volkes im Kindheitsstadium bestimmen, weiter und gelangen im Mannesalter zur höchsten und reichsten Entfaltung. Die physischen und psychischen Grundkräfte des deutschen Volkes, die in seiner Kindheit zu einer urzeitlichen Formung gelangt sind, bleiben in ihrer natürlichen Stärke auch in seiner Manneszeit wirksam. Der innige Zusammenhang mit der Natur bleibt gewahrt, wenn sich auch das deutsche Volk im Werden seiner Geschichte vom völlig unberührten Naturzustand entfernt. Der Kulturfortschritt zeichnet zwar seine Spuren in den Entwicklungsgang hinauf zum Mannesalter, doch bleiben seine Wirkungen schwach und lassen den naturhaft-starken Untergrund ungebrochen.

Im Mittelalter gelangt das deutsche Volk auf den Höhepunkt seiner bisherigen Entwicklung. Im Rittertum erreicht es seine Manneszeit,[1])

---

[1]) Für die Schilderung des Mannesalters im einzelnen an Hand der Dichtung vergleiche die Darstellung der Persönlichkeiten Gottfrieds und seines Kreises. Hier soll lediglich in allgemeinen Zügen ein Bild des Mannesalters entworfen werden, wie wir es durch die Gestalten der Gottfriedgruppe hindurch im Hintergrund wahrnehmen.

bringt es in glücklichem Zusammenspiel seine besten Anlagen zur würdigsten Entfaltung, um dann zum Greisenalter abzufallen. Die reichsunmittelbare freie Ritterschaft in ihren heldischen Vertretern verkörpert diese Höhe der deutschen Geschichte.[1]) In engster Berührung mit einer unberührten, rauhen Natur[2]) werden sie zu **kraftvollen und mutigen Persönlichkeiten**[3]) gebildet, die über alle äußeren Widerstände hinweg an der Erfüllung ihres männlichen Ritterberufs arbeiten. **Rastloser Drang zu Wirksamkeit**[4]) hält sie in steter Spannung,[5]) denn es sind Tatmenschen, die eigene Erfahrung und daraus gewonnene Erkenntnis[6]) zu persönlichkeitsbewußten Menschen gestaltet.

Im Zigeunervolk waltete als wertvollste der menschlichen Seelenkräfte das Gefühl vor, wirkte sich in gesunder Sinnlichkeit aus und bestimmte den Grundzug aller Lebensäußerungen. Unverfälscht und unverderbt bleibt diese Bewegung der menschlichen Seele auch im Mannesalter wirksam und durchdringt und trägt in ungebrochener Kraft das gesamte Dasein des Volkes. In naturhaft-starkem Antrieb steigert sich die Gefühlsregung mitunter zur Leidenschaft, doch im allgemeinen bestimmt maßvolle Ausgeglichenheit das Gefühlsleben des mittelalterlichen Menschen.[7]) Im heldischen Ritter herrschen die **weicheren und edlen Gefühle** vor.[8]) Ge-

---

[1]) Das Rittertum war das große Phänomen (V, 522).

[2]) Unter frischem Himmel, in der Wüste und Wilde, reifte ein Frühling starker, wahrhafter Gewächse, die große Ernte für Weltschicksal geben sollten (V, 515).

[3]) Die menschichen Bande noch in Stärke, menschlicher Trieb und Kraft in Fülle (V, 514).

[4]) Hang zur Aventiure (V, 523).

[5]) Die Kräfte waren gepflanzt, genährt und durch Reihen erzogen (V, 525).

[6]) Lauter Erfahrung, Tat, Anwendung des Lebens (V, 544).

[7]) Herz und nicht Kopf genährt! Mit Neigungen und Trieben alles gebunden, nicht mit kränkelnden Gedanken (V, 526).

[8]) Ihr Ideal ging auf Keuschheit und Ehre, veredelte den besten Teil der menschlichen Neigungen (V, 516).

sunde Sinnlichkeit bestimmt die Liebe zwischen Gatten, opferwillige Fürsorglichkeit wahrt den Zusammenhang in der Familie und reine Sympathie schafft und erhält Freundschaften. Auch das intuitive Denkgefühl wirkt im mittelalterlichen Menschen und ruft in ihm ahnungsvolle Vorstellungen wach. Ein unmitelbares Gefühlsverhältnis setzt seine Seele in Beziehung zum letzten Sinn der Welt. Gott ist eine lebendige Persönlichkeit, der man in gläubiger Verehrung vertraut und die ein ursprüngliches Bedürfnis hereinzieht in das Leben des einzelnen. Aus dieser religiösen Einstellung fließt auch die optimistische Anschauung, die das Diesseits bejaht, die auch maßvollen Lebensgenuß als gottgefällig begreift und für asketische Weltentfremdung kein Verständnis hat.

Während aber im Kindesalter des Volkes das Gefühl die allein bestimmende Seelenkraft im Leben des einzelnen und in dem der Gesamtheit war, erwacht das Volk im Laufe seiner natürlichen Entwicklung zu größerer Bewußtheit, bis auf der Höhe des Mannesalters auch der Verstand neben dem Gefühl zur Reife gelangt. Gefühl und Verstand halten sich jetzt im freien Spiel der Kräfte die Wage. Gerade dieses Gleichgewicht zwischen Gefühl und Verstand als zweier Grundkräfte der Seele bestimmt in eigentümlicher Weise das Wesen des deutschen Volkes auf diesem Höhepunkt seiner Entwicklung. Noch aber erschöpft sich der Verstand im anschaulichen Denken und widerstrebt erfahrungsfremdem, begrifflich-gelehrtem Buchwissen.[1])

Diese Umbildung des deutschen Volkes aus ursprünglich reinen Gefühlsmenschen in der Richtung der Entfaltung auch der verstandlichen Anlage spiegelt sich in der Entwicklung der Sprache wieder. Mit natürlicher Notwendigkeit hat sich auch die Sprache gewandelt. War die Sprache im Kindheitsalter aus-

---

[1]) Sie verachten Künste und Wissenschaft; statt der Wissenschaften gesunder, nordischer Verstand (V, 515). — Der Geist bestand nie für sich allein; er ging von Geschäften und eilte zu Geschäften (V, 535).

schließlich Natur- und Gefühlssprache — Sprachgesang, im Mannesalter sind diese ausschließlichen Merkmale der Ursprache abgeschwächt. Wenn auch der enge Zusammenhang der Sprache mit der Natur gewahrt bleibt und das Gefühl immer noch stark sprachbildend weiterwirkt, der sprachsingende Charakter ist verschwunden; die Sprache ist Prosa geworden,[1]) doch mit einer hervortretenden Neigung zur Bildhaftigkeit. Gottfr.: „wie Tücken einer feigen Mißgunst unter unsere Ferse kriechen"; — Gottfr.: „Soll ich diesen Vorhang meines Herzens wegziehen? Dir einen Spiegel vorhalten, ... um Kröten und Schlangen zu sehen?" Volkstümliche Wendungen und derbe Ausdrucksweise kennzeichnen die Sprache des Mannesalters deutlich als Volkssprache: „der Bischof riß das Maul so weit als kein anderer"; — „ein Bildnis seines erhabenen Monarchen an einen eklen, verächtlichen Ort aufhängen"; — „und er selbst übertüncht alle Tage mit dem Abglanz der Majestät angefaulte Hundsfötter"; — „er aber, sag's ihm, er kann mich im A— lecken".

Der Geist dieses Entwicklungsalters kommt auch im Liede Georgs zum Ausdruck, durchaus ein Volkslied mit allen wesentlichen Merkmalen, die einem solchen zukommen: Natürlichkeit, Schlichtheit und Klarheit, Unmittelbarkeit, bildhafte Anschaulichkeit und Handlung.[2])

Die unverdorbene Natürlichkeit aller Lebensregungen bestimmt auch die Sittlichkeit des deutschen Volkes in seiner Manneszeit. In seinem Denken und Tun fühlt sich der Ritter an die Normen natürlicher

---

[1]) Eine Sprache, in ihrem männlichen Alter, ist nicht eigentlich mehr Poesie, sondern die schöne Prosa (I, 154); — das männliche Alter der Sprache, die Zeit der schönen, natürlichen Prosa (II, 79), der ein einförmiger, gesetzter und männlicher Gang eigen ist (II, 44).

[2]) Die Muse ist Tochter der Natur, rasch, kühn, edlen Ansehens, nur mit natürlichem Reize geschmückt, und im Tanze der Natur hinfliegend (V, 324); — der feste, rasche, kühne Tritt der Muse auf den rauhen Pfaden der Natur (V, 416/17).

Zucht und edlen Anstands gebunden.[1]) In allen Lebenslagen bleibt er sich seiner **sittlichen Verantwortung** bewußt. Über alles aber geht ihm seine **ritterliche Ehre**, die Unbescholtenheit seines ritterlichen Namens. An ihn setzt er Gut und Leben, denn er fühlt zu tiefst, daß mit der ritterlichen Würde seine Geltung als Persönlichkeit steht und fällt. So wird der **Rittersinn** zu einem hervorstechenden Zug der deutschen Manneszeit.[2])

Aus der primitiven Vergesellschaftung zu nomadisierenden Horden in der Urzeit seiner Geschichte ist das deutsche Volk im Laufe seiner Weiterentwicklung in einen **völkischen Zusammenhang** hineingewachsen und erscheint auf der Höhe des Mannesalters in **staatlicher Gebundenheit**. Doch sind sonst die patriarchalischen Verhältnisse der Kindeszeit erhalten geblieben. Führerautorität und persönliche Bindung waren dort die Form des Zusammenschlusses der einzelnen. Aus der gleichen Grundlage erwächst auch die staatliche Einheit der deutschen Volksgenossen in der Manneszeit. Ein Band **persönlicher Zusammengehörigkeit und Treue** knüpft die Glieder des deutschen Volkes zusammen. Es ist die Zeit des **feudalen Staatsideals**.[3]) Die männlich-reckenhaften und edelsinnigen Reichsritter sind seine stolzen Träger. Für ihre Auffassung sind Staatsgesinnung und persönliche Treue wesensgleich. In freiem Dienste folgen sie der Person des Kaisers, in dem sie das berufene Oberhaupt des Reiches anerkennen, welchem sie in Ehrfurcht ergeben sind.[4]) Erfüllt von dem stolzen Bewußtsein persönlicher Freiheit leitet sie das heilige

---

[1]) Starke und gute, obgleich wilde Sitten (V, 515).

[2]) Die Blüte des Zeitgeistes war der Rittersinn (V, 527), der Inbegriff aller Neigungen (V, 523).

[3]) Ihre Feudaleinrichtung baute das Land, beschäftigte Hand und Mensch, macht gesunde und eben damit auch vergnügte Leute (V, 515).

[4]) Geschlechter und Familien, Herr und Knecht, König und Untertan drang stärker und näher aneinander (V, 525); — alle von einem deutschen Geschlechte, alle nach einem Ideal der Verfassung (V, 529).

Bestreben, ihre persönliche Unabhängigkeit zu wahren und zu verfechten.¹) Der zielbewußte Kampf um ihre **reichsunmittelbare Stellung und ständische Freiheit** hält die Kräfte der Reichsritter in dauernder Reibung und Übung. Die **Fehde** ist ihr Lebenselement. Die sittliche Berechtigung dazu fließt ihnen als naturgegebenes Gebot aus der gespannten Kraft ihrer Natur und dem Drange, diese Kraft auszuwirken.²)

Sie fühlen sich zum ritterlichen Kampf berufen und bestimmt, die Geltung ihrer Persönlichkeit und ihres Standes zu verteidigen und in Selbstlosigkeit für das natürliche Recht des Nächsten einzutreten. Der Anspruch auf Beute erscheint ihnen ebenfalls aus ihrem ursprünglichen Gerechtigkeitsgefühl heraus gegeben. Mit der Wahrung und Verfechtung ihrer persönlichen Freiheit und ständischen Unabhängigkeit erschöpft sich das politische Interesse der Reichsritter.

So bleibt den reichsunmittelbaren Rittern der Sinn des aufkommenden neuen politischen Ideals des Absolutismus unverständlich; sie wittern in dem durch Kaiser Maximilian erlassenen Landfriedensgesetz und der Schaffung des Reichskammergerichts vielmehr nur staatsrechtliche und rein selbstische Maßnahmen, die feudale Überlieferung zu untergraben und die deren Fortbestand verfechtenden Ritter außer Wirksamkeit zu setzen. Eigenwillig und standesbewußt an ihrem natürlichen Recht festhaltend und in bewußtem Kampf um die Wahrung ihrer Reichsunmittelbarkeit geraten die Reichsritter in einen schroffen **Gegensatz zu den Vertretern der fürstlichen Reichsstände**, die ihrerseits dem politischen Ideal der aufkommenden neuen Zeit anhängen. Tiefe Abneigung und großes Mißtrauen gegen die fürstlichen Vertreter müssen die Reichsritter umso mehr er-

---

¹) Mannheit auf seinem Mittelpunkte wehrte dem Seelenjoche (V, 525); — Neigungen und Tugenden der Ehre und Freiheit (V, 526); — unauslöschliche Freiheitsliebe (V, 523).

²) Da rieb sich immer eins am andern, und alles erhielt sich in Atem und Kräften; Kräfte wurden geweckt und geregt (V, 516).

füllen, als sie aus dem Gefühle ihrer natürlichen Stärke und dem Bewußtsein ihrer sittlichen Überlegenheit heraus in den Reichsfürsten die Schwachen und der Selbstsucht Verfallenen, darum sittlich Minderwertigen, erkennen. So geraten sie mit ihnen in einen ebenso hartnäckigen wie unversöhnlichen Kampf, in dem sie schließlich unterliegen. Die Ritter erkennen nicht, daß in dem Leben und Streben der fürstlichen Reichsstände trotz deren sittlicher Minderwertigkeit der unaufhaltsam vorwärtsschreitende Zug der Geschichte wirksam ist, der das mittelalterliche Lebensideal überwindet und das der neuen Zeit an seiner Stelle aufrichtet.

Wenn der freie Reichsritter, im Drange seines natürlichen Rechtsempfindens, unter Einsatz der Persönlichkeit mit dem Schwerte in der Hand das Recht wahrnimmt, so wird daneben im deutschen Mittelalter für die nicht dem Ritterstande angehörigen Volksgenossen die Gerechtsame von den **Schöffenstühlen** ausgeübt.[1] Auch im Rechtsverfahren dieser Gerichte kommen bemerkenswerte Züge des Mannesalters zur Geltung: die **natürliche, durch keine formale Gelehrsamkeit belastete Rechtsüberzeugung allein schafft Recht.**[2] Die Rechtspflege und Rechtsprechung vertraut das Volk den

---

[1] Eine noch primitivere Form deutschen Rechtsverfahrens stellt die **Feme** dar. Diese gründet ihre Urteile ausschließlich auf die durch das natürliche **Gefühl** vermittelte Überzeugung von begangenem Unrecht. Dies Verfahren liegt noch vor der Art des Mannsalters, ein Rest primitiven Rechtslebens. Ursprüngliches Rechtsgefühl ist demnach die einzige Instanz der Feme. Das heimliche Gericht tritt nur dann im Verborgenen zusammen, wenn es gilt, den Spruch zu fällen über die schwersten Verbrechen, die gegen die heiligsten Güter des Menschen verstoßen. Völlige Unbescholtenheit allein verleiht das Recht, im Femgerichtsverfahren über einen Schuldigen zu urteilen. Zum heimlichen Richter kann sich nur der berufen fühlen, dessen Herz und Hände rein sind und der bereit ist, vor Gott den Urteilsspruch zu verantworten 260 ff.

[2] Ihre Gesetze, wie atmen sie männlichen Mut, Gefühl der Ehre, Zutrauen auf Verstand, Redlichkeit (V, 515).

Schöffen an, deren Spruch es sich willig beugt, da diese Männer durch Alter und Erfahrung ausgezeichnet sind.¹) Darum stehen die Schöppenstühle in großem Ansehen weitumher. Die Schöppenstühle sind mit lauter Leuten besetzt, die, ohne gelehrte Bildung, des römischen Rechts unkundig sind. Sie richten ihre Bürger und die Nachbarschaft nach wenigen Statuten, in Ansehung des ungelehrten, einfältigen Rechtsherkommens des Volkes. Es gelangt niemand zur Würde eines Richters als derjenige, welcher sich eine genaue Kenntnis des inneren und äußeren Zustandes der Stadt und eine starke Urteilskraft erworben hat und versteht, das Vergangene auf das Gegenwärtige anzuwenden. So sind die Schöffen durch Erfahrung, Biederkeit und Rechtlichkeit ausgezeichnet und verkörpern lebendige Archive, Chroniken, Gesetzbücher, alles in einem. 154/0

§ 11. Gottfried von Berlichingen: seine Persönlichkeit.

Gottfried stammt aus dem Geschlechte der Herren von Berlichingen. Das Stammschloß Jaxthausen nebst dem dazugehörigen gleichnamigen Dorf befindet sich seit zweihundert Jahren in deren Händen, und zwar als ihr erbeigentümlicher Besitz, nicht als Lehen. Die Berlichingen sind also keine Vasallen, sondern sie sind **reichsunmittelbar** und niemand als dem Kaiser untertan. Gottfried hat nur **eine** Schwester, Marie.

Gottfrieds Vater, der alte Berlichingen, führt die Überlieferung des kraftvollen, urgesunden Rittertums seiner Väter fort. Naturhaft und urwüchsig, bleibt er unempfänglich für die fortschreitende Verfeinerung der Kultur; die moderne, höfische Lebensart, wie sie an den Fürstenhöfen in Aufnahme kommt, kann in seinen Kreis nicht dringen.

Der junge Gottfried ist der echte Sohn seines Vaters. **In inniger Berührung mit der**

---

¹) Der Solon eines Dorfes, der nur einen Strom menschlicher Empfindungen und Tätigkeiten in Gang gebracht (V, 542).

Natur wächst er heran, ungebunden, fast zigeunerhaft. Seine Heimat wird ihm vertraut, denn sein liebster Zeitvertreib ist, alle Gänge und Schliche im Gebirge auszukundschaften. Ihn leidet es nicht bei den Frauen in der Küche, ihn treibt es, Pferde in die Schwemme zu reiten und im Stall zu residieren. Naturhaft einfach und genügsam ist seine Lebensweise.[1]) Er muß sich selbst bedienen und wird zur Anspruchslosigkeit in Kost und Kleidung erzogen. Derb wird seine Ausdrucksweise.

Höfische Bildung und gelehrter Buchunterricht bleiben seiner Jugend fremd. Der alte Berlichingen erzieht ihn im Geiste des starken, standesbewußten Rittertums vornehmlich zu körperlicher Tüchtigkeit und Gewandtheit.

Als Naturbursche wächst der junge Gottfried heran. Schon bald wird das starke Gefühl in seinem Wesen vorherrschend. Ein Gefühl innigster Freundschaft zu dem wohl gleichaltrigen Adelbert von Weislingen erfüllt ihn frühzeitig und greift so tief in sein naturhaft=gefühlsstarkes Wesen, daß die Regungen dieses starken sympathetischen Gefühls seiner Jugend sein ganzes ferneres Leben hindurch nachwirken. Gleich Kastor und Pollux unzertrennlich, werden der junge Gottfried und der junge Weislingen von Gottfrieds Vater gemeinschaftlich auf Jaxthausen erzogen. Sie ertragen Freud und Leid zusammen. Während aber Gottfried hofft, so möge es das ganze Leben hindurch sein, erwacht in dem jungen Weislingen bald das Bewußtsein innerer Gegensätzlichkeit, wenn dieser, mit seinem ausgeprägten Hang zum Ehrgeiz, nur ungern die unbedingte Überlegenheit Gottfrieds in Wettkämpfen jeder Art anerkennen muß. Später leisten beide zusammen den herkömmlichen Knappendienst bei dem Markgrafen von Ansbach. Dadurch gerät Gottfried unter den Einfluß ritterlich=höfischer Kultur, der ihn über das rein naturhafte Leben hinaushebt.

Als kleiner Junge begleitet Gottfried seinen Herrn, den Markgrafen

---

[1]) wie die der Zigeuner.

von Ansbach, auf den Reichstag zu Worms und wird dort Zeuge der Verkündigung des Landfriedens. [160] Dies Ereignis wird sein späteres Leben entscheidend beeinflussen.

Zum Manne erwachsen, verheiratet sich Gottfried mit Elisabeth, zu der er sich in reiner und starker Liebe hingezogen fühlt. Der alte Berlichingen segnet das Paar und eine Nachkommenschaft von edlen, tapfern Söhnen quillt aus seinem Gebet. [265] Söhne und Enkel sollten die Ideale des feudalen Rittertums fortpflanzen, doch die Macht des Geschehens will es anders.

Des jungen Gottfrieds ritterliche Erziehung entspricht durchaus seinem Wesen; sie kommt seinen natürlichen Anlagen entgegen, sie fördernd und gestaltend. Gottfried eignet **gewaltige Körperkraft**, die keine Widerstände kennt. Seine überragende, kraftvolle Erscheinung allein nötigt zur Achtung und verbreitet Schrecken unter seinen Widersachern. Zäh und ausdauernd überwindet er alle Strapazen seines ritterlichen Berufes, keine Müdigkeit kann ihm etwas anhaben. **Mut und Kühnheit** zeichnen ihn aus, seine Tapferkeit wächst mit den Gefahren. Unerschrocken schreitet er feindlichen Mächten entgegen und nimmt ihnen das Gefährliche. Diese **heldischen Eigenschaften** stärken in Gottfried das Bewußtsein seiner Überlegenheit und nähren das Gefühl selbstsicheren Stolzes. Als ein unvergleichlicher Held wird er von den Seinen bewundert, und in seiner Gegenwart fühlen sie sich geborgen. „Wo bin ich sicherer als bei dir," bedeutet ihn Elisabeth. Gottfrieds heldisches Wesen macht seine Feinde zittern und erfüllt Weislingen mit Neid.

Diese gewaltige, kraftvolle Persönlichkeit muß sich mit innerer Notwendigkeit in einem nimmermüden **Tatendrang** auswirken. Gottfried ist sein ganzes Leben hindurch rastlos tätig, ohne Unterlaß ist er gespannt und seine Kraft ist von immer neuen Zielen in Anspruch genommen. Ist er einmal wider Willen zum Müßiggang verurteilt, so erscheint ihm dies als eine Qual. „Der Müßiggang will mir gar nicht schmecken und meine Beschränkung wird mir von Tag zu Tag enger, ich wollt', ich könnt' mir nur einbilden, die Ruhe sei was Angenehmes." Seinen Tätigkeitsdrang pflanzt er auch seiner Umgebung ein.

Gottfried von Berlichingen ist **Ritter mit Leib und Seele**, sein ganzes Sinnen und Trachten ist auf Kampf gerichtet. Aufs schwerste trifft ihn daher der Verlust der rechten Hand, der ihn fürchten läßt, er könnte für den Ritterberuf untauglich werden.

In allen seinen Handlungen, vor allem in seinen kriegerischen Unternehmungen, befolgt Gottfried die Eingebungen seiner natürlichen Verstandesgaben. Nicht durch abstrakte Gelehrsamkeit verbildet, läßt er sich in allem von seinem nüchternen, abwägenden **Verstand** leiten. Er handelt selbständig, nach eigenen Entschlüssen und mißachtet papierne Strategie. Buchgelehrsamkeit ist ihm in der Seele zuwider; er verpönt sie in der Methode, mit der seine Schwester Marie seinen Sohn Karl erzieht, aufs nachdrücklichste. Schulmäßig-gelehrte Bildung erscheint ihm unnütz und überflüssig, vor allem aber als ein Abfall von echter Rittersitte. Dem Witz und der Kunst der Zeit gegenüber, wie sie vorzüglich an den fürstlichen Höfen gepflegt wird, macht Gottfried den Wert der vollen Erfahrung geltend. Im Gegensatz zu dem diskursiven, greisenhaften Denken und dem erfahrungsfremden, trockenen Vernünfteln in den Kanzleien, ist Gottfried der Mann, den die dauernde unmittelbare Berührung mit der Welt zum **anschaulichen Denken** bildet und auf die praktische Tat einstellt.

Prägen diese männlichen Eigenschaften Gottfried schon zum gewaltigen Tatmenschen und echten Ritter alten Stils, so wird die eindringliche Wirkung seiner Persönlichkeit noch gesteigert und belebt durch einen starken **Gefühlsimpuls**, der sich gelegentlich in Zorn und Grimm entlädt, besonders dann, wenn Gottfried glaubt, Unrecht zu erleiden. Zu diesem, mitunter leidenschaftlichen, Temperament gesellt sich endlich ein starker **Wille**. Unerschütterlich verfolgt er seine Ziele und nichts kann ihn abhalten, in die Tat umzusetzen, was ihm gut und richtig erscheint. Gottfrieds eigenwillige und stolze Männlichkeit duldet keinerlei äußere Schranke. Gegen jede Einengung seiner Persönlichkeit bäumt sich sein Wesen; ungestüm ist sein **Drang nach Freiheit**. Für seine hohe, unbändige Seele ist Gefängnis das höchste Elend.

Das Wesen Gottfrieds bestimmen aber auch **weichere Regungen**; sie mildern den Eindruck der Schroffheit dieser Rittergestalt. Die naturhafte Kraft und gewaltige Bewegung aller seelischen Anlagen in der Kindheit des deutschen Volkes sind auf der Höhe des Mannesalters zu edlen Gefühlsregungen geläutert und verfeinert. **Das glückliche Zusammenspiel von Verstand und Gefühl in seiner Persönlichkeit macht Gottfried von Berlichingen zum Typus des Menschen im Mannesalter seines Volkes.**

Das Gefühl zärtlicher und inniger Liebe bindet Gottfried an seine Gattin. Frei von niederer Sinnlichkeit, ist dieses Liebesgefühl vielmehr die Quelle der schönsten Tugenden: unwandelbare Treue, unbedingtes Vertrauen, stete Opferbereitschaft erfüllen Gottfrieds Ehe mit Elisabeth mit sittlicher Verantwortlichkeit. Seine Familie bedeutet ihm Glück, und in ihrem Schoße findet er Trost in allen Nöten seines kampferfüllten Lebens. Kaum minder herzlich ist Gottfrieds Verhältnis zu seiner Schwester Marie.

Gottfrieds **Familiengefühl** weitet sich zu herzlicher und starker **Freundesliebe**. Ein starkes Band edler Freundschaft und stets tatbereiter Treue ist um ihn und seinen Freundeskreis geschlungen. Gottfrieds natürliche Feinfühligkeit ist für alle Regungen seiner Freunde empfänglich und vermittelt ihm ein Verständnis für die seelische Bedrängnis des Nächsten. Freundlich, gefällig, liebreich erweist er sich seinen Freunden, wo er nur immer kann. Dem gefangenen Weislingen reicht er seine eigenen Kleider.[1] Mit dieser Freundestreue begegnet er, stets von neuem, allen widrigen Erfahrungen und Enttäuschungen zum Trotz, auch sonst Weislingen, an

---

[1] Dieser Zug begegnet uns auch bei der Zigeunermutter.

den ihn eine tief in seinem Wesen wurzelnde Freundschaft kettet. Unter dem Bruch mit seinem Jugendfreund leidet er aufs ärgste. Über den Bereich seiner Freunde hinaus ist Gottfried allen Mitmenschen gegenüber zu selbstentsagender Hilfe bereit; allen gewährt er Gastfreundschaft.[2]) Das Ideal allgemeiner Menschenliebe bestimmt Gottfrieds Denken und Tun. Seine Großmut und seine Wohltätigkeit kennen keine Grenzen; mitunter geht er dabei so weit, daß es ihm selbst zum Schaden gereicht.

Gehört dieses stark ausgeprägte sympathetische Gefühl bestimmend zu Gottfrieds Persönlichkeit, so eignet ihr weiter wesentlich das **intuitive Denkgefühl**, das sich seiner natürlichen Anlage entsprechend in sinnlicher Anschaulichkeit äußert. In Traumbildern sieht er sein Unglück vorher, Ahnungen erfüllen und bewegen ihn ständig.

Gottfrieds **religiöses Gefühl** erschöpft sich in einem unbefangenen, unmittelbaren Gefühlsverhältnis zu Gott. Über Gottes Wesen zu spekulieren kann ihm nicht einfallen; er ist im kirchlich-christlichen Sinne fromm, wenn er auch für die eng kirchliche Frömmigkeit seiner Schwester Marie kein Verständnis hat. Der Kutte des Bruder Martin begegnet er mit Ehrfurcht und dessen kirchliches Gelübde achtet er. Gott ist ihm eine lebendige Persönlichkeit, der er sich gläubig überläßt und deren Leitung er all seine Zuversicht und sein Vertrauen entgegenbringt. Aus diesem edelsten, einfältigsten Vertrauen zu Gott entspringt Gottfrieds Optimismus.

Gottfried ist der Mann der **lebensfrohen Tat**. Gedanken ans Jenseits beunruhigen ihn nicht; er steht fest im Diesseits, und da segensreich zu wirken, erscheint ihm gleich Elisabeth als Gebot. Er bejaht das Leben und den maßvollen Genuß der Freuden in ihm; die mönchisch-asketische Einstellung lehnt er ab. Alles Natürliche gilt ihm als berechtigt; seinem naturhaften Wesen widerstrebt das weltflüchtige Lebensideal. Er hat einen Hang zum Frohsinn und trinkt gern Wein.

---

[1]) Diesen Altruismus finden wir ebenfalls bei den Zigeunern vorgebildet; vgl. S. 32.

Gottfried von Berlichingen ist ein stark moralischer Mensch. **Das ungebrochene sittliche Gefühl** in ihm ruht auf der ungeteilten Entfaltung seiner natürlichen menschlichen Kräfte. Durch Zucht gebunden, durch Normen bestimmt, erscheint Gottfrieds ganzes Handeln. Durchaus ehrlich und rechtschaffen ist und bleibt er in jeder Lebenslage.

Diesem Grundzug rückhaltloser Ehrlichkeit entsprechen leuchtende Rittertugenden. Gottfried von Berlichingen verkörpert den Ritter alten Stils. **Die Ritterehre** geht ihm über alles, und an sein Ritterwort setzt er entschlossen Gut und Leben. Solange er seiner Ritterehre treu bleibt, steht er innerlich ungebrochen und trotzt aufrecht allen Anfeindungen und Widerständen, so mächtig sie immer sind. Genießt Gottfried selbst den Ruf untadeliger Ritterwürde, so fordert er diesen Zug auch ungestüm bei allen andern und setzt ihn optimistisch auch bei seinen grimmigsten Widersachern als selbstverständlich voraus; nur schwer läßt er sich in diesem Vertrauen beirren. Entdeckt er aber Wortbruch bei seinen Gegnern, so entflammt er zu heiligem Zorn.

Seine ritterlichen Tugenden bekundet Gottfried vor allem in seinem Verhalten gegen den gefangenen Weislingen. In keiner Weise mißbraucht er dem untreuen Jugendfreund gegenüber seine Gewalt, sondern behandelt ihn mit **vornehmer Ritterlichkeit**.

Diese bedeutsamen männlichen Züge, die die kraftvolle, überragende Persönlichkeit Gottfrieds von Berlichingen kennzeichnen, bestimmen auch die scharfen Umrisse seiner **politischen Stellung**. Als **reichsunmittelbarer Ritter** ist er in der Ständehierarchie des Reiches deutlich und ausdrücklich hervorgehoben. **Bewußt und mit ungebeugtem Selbstgefühl führt Gottfried die Überlieferung des feudalen Reichsrittertums fort** und vertritt nachdrücklich die Ideale alten, echt mittelalterlichen Stils. Bei jeder Gelegenheit pocht Gottfried auf seine reichsunmittelbare Selbständigkeit und verficht seine persönliche Freiheit. Ungestüm tritt er für die Unabhängigkeit seines Standes von den übrigen Reichsständen ein; seines Standesgenossen Weislingen Parteinahme für die Fürsten erscheint ihm würdelos. Der in ihm verkörperte Reichsritterstand ist allen anderen Ständen bis hinauf zu den Kurfürsten ebenbürtig.

Niemand als dem Kaiser will Gottfried untertan sein. Sein Verhältnis zum Reichsoberhaupt ist ein rein **persönliches** im alten feudalen Sinne. Treu will er seinem kaiserlichen Herrn dienen; er liebt ihn und begegnet ihm auch dann noch mit Achtung und Ehrerbietung, wenn dieser glaubt, im Reichsinteresse gegen den Ritter vorgehen zu müssen. Gottfried ist Anhänger der monarchischen Gewalt; ohne Kaiser gibt es für ihn kein Reich. Vom Kaiser erwartet er Unterstützung in seinem Widerstand gegen den Druck der Fürsten. Der Kaiser kennt die Reichs- und Monarchentreue Gottfrieds; darum schätzt er den Berlichingen und möchte ihn unter seiner Armee haben.

Dasselbe Band persönlichen, freiwilligen Dienstes und unerschütterlicher Treue, das Gottfried in seinem Verhältnis zu seinem erhabenen Monarchen als Ideal vorschwebt und das er mit seiner Person durch die Tat zu verwirklichen bestrebt ist, knüpft seine eigenen Leute an ihn.[1]) Mit Liebe und Begeisterung hängen diese an ihrem Herrn. Gottfried hat ein Häufchen, desgleichen wenig Fürsten beisammen gesehen haben. Unentwegt harren sie in **freiwilligem Dienst** bis in den Tod bei ihm aus. Der verwundete Selbiz folgt dem im Kampfgetümmel verschwindenden Herrn mit seinen heißen Wünschen und Georg segnet noch im Sterben seinen Herrn. Gottfrieds Verhältnis zu seinen Leuten ist ein durchaus freundschaftliches; es ist vielmehr das des Vaters zu seinen Kindern. Seine Knechte sind ihm liebe Jungen, Freunde, Augäpfel. Gottfried liebt sie und sorgt für sie in selbstloser Weise. Es schneidet ihm ins Herz, sie in Bedrängnis zu sehen; ständig bangt er um sie, und weiß

---

[1]) Auch diesen Zug fanden wir bereits bei der Zigeunerhorde in ihrem Verhältnis zum Zigeunerhauptmann angedeutet; vgl. S. 32.

er sie in Gefahr, dann achtet er sein eignes Leben für nichts, um ihnen zu helfen. Vor die Richter in Heilbronn geführt, gilt sein erstes Wort der Frage nach dem Los seiner mitgefangenen Getreuen.

Gottfried kennt nur den patriarchalischen Zusammenhang der Volksgenossen auf streng feudaler Grundlage. Eine staatliche Einheit kann für ihn nur auf der Grundlage persönlicher Bindung bestehen; **dem Berlichingen ist Staatsgesinnung mit persönlicher Treue identisch.** An weitergehendem politischen Verständnis fehlt es ihm.

Gottfried selbst leistet im Sinne ritterlichen Herkommens bei Kriegen und Fehden freie Dienste, so dem Herzog von Württemberg, dem Landgrafen von Hanau und dem Pfalzgrafen Ludwig, für den er einen Strafzug gegen Konrad Schotten unternimmt.

Die Fehde ist das Lebenselement, in dem sich Gottfrieds starke Persönlichkeit auswirkt. Fehde- und Faustrecht verleihen dem feudalen Mittelalter seine eigentümliche Prägung. Gottfried von Berlichingen lebt durchaus in dieser Rechtsauffassung und ist gerade auch hier bestrebt, die echte ritterliche Überlieferung alten Stils mit Entschiedenheit fortzuführen. Der Fehdetrieb ist der spontane Ausdruck seines ursprünglichen Kraft- und Rechtgefühls, das ihm gebietet, das Recht seiner eignen Person mit der Waffe gegen irgendwelche Eingriffe von außen zu verteidigen, des gleichen natürlichen Impulses, der es ihm zur sittlichen Pflicht macht, auch für das Recht des Nächsten einzutreten. Bei der Ausübung dieses Rechts und bei der Erfüllung dieser Pflicht ist Gottfried von edler Selbstlosigkeit geleitet. Im Rufe der Uneigennützigkeit steht er weithin: darum wird er von den Bedrängten aufgesucht und von ihnen wie ein Heiliger verehrt. Damit steht es nicht im Widerspruch, sondern gehört zur wesentlichen Bestimmung mittelalterlichen Fehderechts, von den Besiegten Beute zu nehmen.

Mit der Wahrung und Ausübung des mittelalterlichen feudalen Rechts tritt Gottfried von Berlichingen bewußt und entschieden den Forderungen der

neuen Zeit entgegen; dadurch gerät er in einen scharfen Gegensatz zu dem neu erlassenen Reichsgesetz und den modernen staatsrechtlichen Anschauungen der Fürsten und Städte. Auf dem Reichstag zu Worms, dem ja Gottfried selbst als Knappe im Dienste des Markgrafen von Ansbach beigewohnt hatte,[1]) war auf Betreiben der fürstlichen Reichsstände und der Städte das Reichskammergericht eingesetzt und der Landfrieden verkündigt worden. Damit war eine neue Zeit mit einer neuen Rechtslage angebrochen. Das Fehde- und Faustrecht war nun rechtlich abgeschafft und die Schlichtung von Streitigkeiten wurde dem Reichskammergericht übertragen und ihm zum Vollzug seiner Entscheidungen die Reichsarmee beigegeben. Damit war die Wahrung des eigenen Rechts — wenigstens rechtlich — dem einzelnen entzogen und dem Staat übertragen. Die Selbsthilfe war geschichtlich überwunden, das neue Zeitalter des Absolutismus, der auch den eigenwillig Starken der Staatsautorität unterordnet, der Macht des Landesherrn unterwirft, kündete sich an.

Der Gegensatz zwischen Gottfried und seinem Kreise als den Vertretern der feudalrechtlichen Anschauungen des Mittelalters einerseits und der Fürstengruppe als Träger der neuzeitlichen politischen Auffassung andererseits ist von Goethe in grelle Beleuchtung gerückt. Gottfried, dessen Persönlichkeit durchaus in den Überzeugungen des feudalen Mittelalters, in der Überlieferung des freien, selbstbewußten Reichsrittertums wurzelt, ist vom stärksten Mißtrauen und von tiefster Abneigung gegen alles Neuzeitliche erfüllt. Er erkennt, daß die Fürsten die modernen Anschauungen verkörpern. Da ihm aber diese Vertreter des neuen Prinzips als sittlich minderwertig, schwach und hinterlistig erscheinen müssen, so bleibt ihm die geschichtliche Berechtigung der neuen Zeit verschleiert. Gottfried gerät in einen tragischen Konflikt mit ihr. Er wird ein unversöhnlicher Feind der Fürsten; mit ihnen hat er zeitlebens zu kämpfen.

---

[1]) Siehe S. 49/50.

Wie erscheinen dem Berlichingen die Fürsten und deren Bestrebungen vom Standpunkt seiner mittelalterlichen Anschauungen und seiner edlen Persönlichkeit aus? Krassester Egoismus und selbstsüchtiges Streben nach Erweiterung und Stärkung ihrer territorialen Eigenmacht, darin erblickt Gottfried die Haupttriebfeder aller Überlegungen und Handlungen der Reichsfürsten. Das Wohl des Staates und die Sorge um den Nächsten treten hinter dieses selbstische Streben zurück. Keiner von ihnen meint es treu gegen das Reich, und die dem Kaiser abgenötigten Verordnungen und Gesetze zur Wahrung der angeblich gestörten Ordnung im Reich benutzen sie letztlich nur dazu, ihr absolutistisches Interesse zu fördern. Mit dem Kaiser selbst spielen die Fürsten auf eine unanständige Art und wachsen ihm täglich nach dem Kopf. In ihrem absolutistischen Machtstreben sind sie die Bedrücker des Volkes gleich einem verzehrenden Feuer, das sich mit Untertanenglück, -habe, -schweiß und -blut nährt, ohne gesättigt zu werden; sie sind die Rebellen, die in unerhörtem geizigen Stolz mit unbewehrten Kleinen sich füttern; angefaulte Hundsfötter, Schandpfähle, an die der Kaiser sein geheiligtes Ebenbild hängt. In dem von den Fürsten erwirkten Landfrieden erkennt Gottfried nur den staatspolitischen Akt, mit dem die Fürsten versuchen, unter Vernichtung der Privilegien und Rechte der Ritter und unter Bedrohung ihrer persönlichen Freiheit den eigenen territorialen Absolutismus zum Ziele zu führen.

Wie Gottfried die Fürsten haßt, so erfüllt ihn die gesamte aufkommende neuzeitliche Kultur mit Abscheu; Gottfried verdammt das Höfische und sein elementar-natürliches Lebensgefühl wird instinktiv von der ganzen Atmosphäre der fürstlich-absolutistischen Höfe, der steifen Gärten, der Bildersäle und Schauspiele abgestoßen.

Der zwangsläufigen geschichtlichen Bewegung zum Trotz versucht nun Gottfried von Berlichingen die mittelalterlich-feudale Überlieferung der Reichsritterschaft fortzuführen und sie in hartnäckigem Kampfe gegen die neue politische Zielrichtung durchzusetzen im

Sinne des ihm klar bewußten eigenen, — und wie er glaubt besseren, ja, allein berechtigten Ideals. Seine Aufgabe sieht er im zielsicheren und unentwegten Kampf für die alten ritterlichen Überzeugungen, — obwohl diese jetzt keine innere geschichtliche Berechtigung mehr haben.

Für den opferbereiten, selbstlosen Dienst am Volke aus freiem Entschluß tritt Gottfried den Fürsten und Städten gegenüber ein. Gleich ihm sollten sich alle Stände des Reiches tatbereit für die Wahrung des Bestandes des Reiches gegen innere und äußere Feinde einsetzen. Besonders noch bestimmt sein Handeln das Ideal des edlen und freien Dienstes am Kaiser. Besser als irgendeiner vermeint er zu fühlen, was die Reichsstände, zuvörderst die Reichsritter, ihrem Kaiser schuldig sind; seine Treue gegen Maximilian möchte er von den Fürsten nachgeahmt sehen. Weiter liegt ihm am Herzen, daß die Fürsten von ihrem Bestreben, ihre Untertanen zu bedrücken, ablassen und zu einem tieferen Verständnis der wirtschaftlichen Lage des niederen Volkes gelangen möchten. Auch hier wieder steht Gottfried ganz unter dem Einfluß der persönlich-patriarchalischen Auffassung vom Staat, die indes vor dem mechanischen Prinzip der neuen Zeit zu weichen beginnt. Das begeisterte Eintreten für soziales Wirken weitet sich letztlich zum Humanitätsideal: Gottfried will seine Haut für die allgemeine Glückseligkeit einsetzen.

Gottfrieds elementares Rechtsempfinden bäumt sich auf gegen die Anschauungen und Handlungen der Reichsfürsten und so sehr ihn diese anfeinden und hassen als den entschlossenen Widersacher ihrer Bestrebungen, als den Feind öffentlicher Ordnung, ihn als Räuber brandmarken — auf Grund der neuen Anschauungen mit Recht! —, Gottfried selbst ist zu tiefst von der sittlichen Berechtigung seines Standpunkts erfüllt. Mit Entrüstung weist er es zurück, ein Rebell und Räuber zu sein. Das eigene Gewissen und sein ritterliches Verantwortlichkeitsgefühl sind ihm die einzige und höchste Instanz für die Beurteilung seiner Handlungen. Sein — vom alten Feudalrecht bestimmtes — Rechtsbewußtsein kann sich mit der neuzeitlichen Rechtspflege nicht abfinden. Der Berlichingen lehnt das Reichskammergericht ab: er sieht in dessen Entscheidungen einen willkürlichen Eingriff in die persönliche Freiheit des Ritters. Auch den Landfrieden erkennt er nicht an: er bedeutet ihm ein gefügiges Werkzeug in der Hand der Fürsten zur Durchführung ihrer absolutistischen Absichten. Bei Verwirklichung des Landfriedens könnt's kein Mensch ausstehn, beteuert er. Tritt Gottfried für die Selbsthilfe schon aus seiner feudalen Anschauung heraus ein, so hält er sich außerdem dazu befugt wegen des schleppenden Rechtsgangs beim Reichskammergericht. Gottfrieds Widerstand gegen dieses neuzeitliche Rechtsinstitut ist ferner begründet in seinem Widerwillen gegen dessen Exekutivorgan, die Reichsarmee. Im Gegensatz zu seiner eigenen Schar, die nach feudaler Weise das Band persönlichen, freien Dienstverhältnisses an ihn knüpft, wittert er in der Exekutionsarmee eine Söldnertruppe, die sich nur um des persönlichen Vorteils willen zusammenfindet und bei der die Solidarität zwischen Führer und Mannschaft fehlt.

Es ist gewiß, daß Gottfried von Berlichingen, der schon als Mensch, in dem die edleren Gefühle vorwalten, von den Fürsten abrückt, aus der Überzeugung von seiner sittlichen Überlegenheit heraus mit Recht zu einer Ablehnung der fürstlichen Umtriebe gelangt. Subjektiv ist Gottfried, der den alten Anschauungen, die einst allgemein gültiges Recht waren, anhängt, im Recht. Allein seitdem im notwendigen Fortgang der deutschen Geschichte der Landfrieden verkündigt und das Reichskammergericht eingesetzt waren, ist das objektive Recht auf der Seite der Reichsfürsten und der in ihnen verkörperten Zeit: die Zeit des Rittertums ist geschichtlich überwunden, an die Stelle des feudalen Staatsideals des Mittelalters ist das absolutistische Prinzip der neuen Zeit getreten.

Die Fülle ungebrochener Kraft, die Steigerung aller edlen Anlagen des deutschen Volkscharakters auf der Höhe des Mannesalters zur reichsten Entfaltung in seiner heldischen Persönlichkeit prägen Gottfried von Berlichingen zum **überragenden Menschen und gewaltigen Ritter**. Er ist ein großer Mann [150], dessen große Seele sich selbst genug ist und der weder zu gehorchen noch zu beherrschen braucht, um etwas zu sein. Gottfried ist der edelste unter den Menschen, das Muster eines Ritters, tapfer und edel in seiner Freiheit. [231/32] Bis zum **Elementar-Dämonischen** steigert sich der Eindruck dieser Rittergestalt — und doch rollt das Rad der Geschichte über sie hinweg.

§ 12. Gottfried von Berlichingen: seine Entwicklung.[1])

In natürlich-notwendigem Fortschreiten war das deutsche Volk aus seiner Kindheit zum Mannesalter herangewachsen. Im Mittelalter gelangte es auf die Höhe seiner Entwicklung. Gottfried von Berlichingen als überragende Rittergestalt verkörpert diese Manneszeit; alle ihre bestimmenden Züge kommen in seiner gewaltigen Persönlichkeit zur eindrucksvollen Gestaltung. Er steht auf der Höhe des Mannesalters, er soll auch das Ende seiner Zeit bedeuten. Um ihn herum gleitet sie bereits von der Höhe ihrer Entwicklung herab und wandelt sich in zwangsläufiger Bewegung zum Greisenalter. Gottfrieds Zeit wird geschichtlich überwunden.

Zunächst leise, aber unaufhaltsam greift der Zug der neuen Zeit in die Entwicklung von Gottfrieds eignem Lebensschicksal ein. So überlegen und unerschütterlich auch Gottfried bei seinem Eintritt ins Drama erscheint, längst schon war der Geist einer anders zielenden Entwicklung im Bereiche seines Lebens wirksam geworden. Ihr nagender Zahn zerstört zunächst den Grund, aus dem seine Persönlichkeit erwachsen ist. Es ist ein bedeutsamer Wink des Dichters, daß der Wunsch des alten Berlichingen nach einer reichen und heldenhaften Nachkommenschaft aus der Ehe seines Sohnes Gottfried unerfüllt bleibt. Gottfried zeugt einen Sohn, Karl, der seinem Vater noch dazu wesensfremd ist und nichts mit dessen heldischer Größe gemein hat.

---
[1]) Vgl. dazu die Lebenslinie auf der angehängten Tafel 2.

Karl ist ganz ein Kind der neuen Zeit der Schwäche; er bricht die Entwicklung seines starken Geschlechtes ab. Auch Gottfrieds leibliche Schwester, Marie, ist im Gegensatz zu ihrem Bruder ein Wesen, das gleichfalls alle Züge der Schwäche trägt. **Der entkräftende Zug der neuen Zeit hat die Berlichingen bereits in seinen Bann gezogen.**

Gottfried selbst hat vor Jahr und Tag die rechte Hand verloren, die ihm vor Nürnberg abgeschossen ward. Jäher Schmerz ergriff ihn damals bei dem Gedanken, zeitlebens zu seinem Ritterberuf verstümmelt zu sein. Seine Tatkraft und Entschlossenheit überwanden den Verlust, und als ihm die abgeschossene Rechte eine eiserne ersetzte, da blieb Gottfried kampffähig wie zuvor. **Auch der Verlust der Hand ist ein Hinweis darauf, daß sich Gottfrieds schließlicher Untergang in einer langen Entwicklung vorbereitet**; Gottfried selbst erkennt am Ende seines Lebens den tieferen Sinn dieses Unfalls. Ferner bleibt eine **zweijährige Gefangenschaft in Heilbronn** dem von leidenschaftlichen Drang nach Freiheit erfüllten Ritter nicht erspart. Heilbronn ist ihm ein „fataler Ort" geblieben. Die zweite, schmähliche Gefangenschaft deutet sich in tieferer Weise im voraus an.

Das Schlimmste aber, ein großes Unglück für Gottfried, einen Riß in seiner Seele, bedeuten die Treulosigkeit und der Abfall seines Jugendfreundes Weislingen. Er, den Gottfried liebte, mit dem er ein Herz und eine Seele war, ist zu den schlimmsten Feinden Gottfrieds, zu den Fürsten, übergegangen. Weislingen hat die Grundsätze des reichsunmittelbaren Ritters verleugnet, angesteckt von der Schwäche der neuen Zeit und ihrem unedlen Geiste; ja, er bildet sogar die Triebfeder der Unternehmungen des Bischofs von Bamberg gegen den Jugendgespielen. Weislingen führt mit seinem Verrat an der Rittersache einen schwer verletzenden Stoß gegen Gottfrieds Seele. **Die Wirkung des Prinzips der neuen Zeit greift jetzt in Gottfrieds Herz.**

Nach dem allen steht der Ritter bei seinem Eintritt
ins Drama **nicht auf einem Höhepunkt** seiner
Entwicklung. Alle diese mißlichen Umstände haben
ihn von der Höhe früherer Jahre, dem absoluten
Höhepunkt seines Lebens, heruntergezogen. Indes bei
seinem Auftreten in der Dichtung scheint sich Gott=
frieds Lebenslinie wieder nach oben zu bewegen.
Gottfried von Berlichingen ist mit dem Bischof von
Bamberg in einer Fehde begriffen. Der Bischof hat
ihm, ohne Fehde angekündigt zu haben, im schönsten
Frieden einen Buben niedergeworfen. Gottfried
greift im Sinne ritterlichen Fehderechts entschlossen
zur Selbsthilfe. Er hat erfahren, daß Weislingen
einen Wagen mit Gütern für den Bischof von Basel
nach Bamberg geleite und beschlossen, Weislingen zu
fangen und den Wagen wegzunehmen. Es leitet ihn
die Hoffnung, daß Adelbert, einmal in seiner Gewalt,
seine feindselige Gesinnung ändern werde. Da Gott=
fried ausging ihn zu fangen, zog er wie einer, der
ängstlich sucht, was er verloren hat. Der Überfall auf
Weislingens Zug ist aufs sorglichste vorbereitet, der
Anschlag muß gelingen. Nur zur äußersten Sicherheit
schickt Gottfried noch zwei Reiter auf Kundschaft aus.
Doch Weislingen nimmt einen unerwarteten Umweg.
Gottfrieds Plan wäre mißlungen, wenn ihm nicht
ein glücklicher Zufall zuletzt noch zu Hilfe gekommen
wäre: die Einkehr der beiden Reiter im Wirtshaus
und ihr Zusammentreffen mit den Bauern, durch die
sie von Weislingens Umweg erfahren. Wieder wird
ein bedeutsamer Wink gegeben: wenn Gottfried sonst
etwas unternommen, alle Möglichkeiten überlegt und
alles aufs genaueste vorbereitet hat, dann ist es ihm
geradeswegs auch gelungen, aus eigener Kraft. Hier zum
erstenmal versagt sein eigenes Vermögen; **nur ein Zu=
fall verbürgt den schließlichen Erfolg.**

Es gelingt also Gottfried, Weislingen zu fangen
und den Wagen wegzunehmen. Er nimmt den ehe=
maligen Jugendfreund mit auf sein Schloß Jaxthausen
und dort übt seine Persönlichkeit auf diesen den alten
Zauber aus. Es währt nicht lange und Gottfried hat
Weislingen wiedergewonnen. Gottfried lebt in der
Hoffnung, die alte Zeit kehre wieder, es gelänge, den

alten Geist wiederzuerwecken. Enger denn je scheint das Band zu werden, denn Weislingen verlobt sich mit Gottfrieds Schwester Marie. Gottfrieds Lebenslinie hat wieder einen relativen Höhepunkt erreicht. Durch den Bund mit Weislingen sieht sich Gottfried im Kampfe gegen seine Widersacher, die Fürsten, gestärkt; selbst der Verlust der rechten Hand scheint ausgeglichen, da Weislingen nun seine Rechte sein würde. Ein absoluter Höhepunkt vermag es freilich nicht mehr zu werden: beunruhigend, drohend steht der Traum Gottfrieds da, in dem Weislingen seine eiserne Hand so fest hält, daß sie aus den Armschienen geht wie abgebrochen. Wenn sich auch Gottfried zur eigenen Beruhigung das Traumgesicht so deutet, als sei die Eisenhand durch Weislingens wiedergewonnene Freundschaft überflüssig geworden, so wirkt der Traum doch einen Schatten auf das Glück der Vereinigung. Der Dichter deutet eben an, daß hinter dem scheinbaren Aufstieg doch etwas waltet, das Gottfrieds glückliche Entwicklung bedroht.

Der Schatten verdichtet sich bald zu neuem Unglück, das Gottfried von seiner Höhe herunterreißt. Seine Vertrauensseligkeit war verhängnisvoll. Stärker als die Wirkung von Gottfrieds Persönlichkeit sind die Einflüsse des den Geist der neuen Zeit atmenden Bamberger Hofes und die dämonischen Reize der Adelheid. Davon läßt sich Weislingen völlig gefangen nehmen. Gottfried und Marie müssen zurücktreten. Der Zug der neuen Zeit setzt wieder ein.

Bald schreitet Gottfried weiterem Verhängnis entgegen. Sein ehemaliger Kamerad Hans von Lidwach ist von den Nürnbergern gefangen genommen worden und steckt seit Jahr und Tag im Gefängnis. Gottfried, den sein Rechts- und Mitgefühl immer auf die Seite der Unterdrückten drängt, kann nicht länger ruhig zusehen. Es hätte ihm das Herz abgefressen, wenn er den Nürnbergern nicht sollte an Hals gekommen sein. Seinen Hansen von Lidwach muß er befreien. Im stolzen Bewußtsein, eine ehrliche, edle Tat zu tun, kündigt er den Nürnbergern die Fehde an. Die äußeren rechtlichen Formen der feudalen Sitte beobachtet Gottfried streng. Im bambergischen Geleite überfällt er mit Selbiz dreißig Nürnberger Kaufleute, beraubt sie nach mittelalterlicher Rittersitte und freut sich seiner reichen Beute. Die Kaufleute klagen ihr Geschick dem Kaiser, der, so günstig er den tapferen Rittern, die er schätzt, im Grunde seines Herzens auch gesinnt ist, dem Rate Weislingens folgen muß: er erklärt Gottfried wegen Bruchs des Landfriedens in die Acht und verordnet eine Reichsexekution gegen den Unruhstifter. Daß der Kaiser das Leben Gottfrieds und seiner Freunde zu schonen befiehlt und erwartet, daß sie Urfehde schwören und künftig in Ruhe leben möchten, kann die schlimme Lage Gottfrieds nicht günstiger gestalten. Wieder zwar scheint ihm ein Umstand glücklich zu sein: Sickingen verlobt sich mit seiner Schwester Marie und bietet seine Hilfe an. Gottfried schlägt die Unterstützung aus, denn eine dunkle Ahnung mahnt ihn, daß er des Beistands seines Schwagers bald in größerer Bedrängnis bedürfen werde. Wieder gewahren wir im Hintergrund den unaufhaltsamen Zug des Geschehens.

400 Mann Reichstruppen werden gegen ihn aufgeboten. Seine Lage muß Gottfried um so bedrohlicher erscheinen, als er stündlich fürchtet, die alten Freunde würden von ihm abfallen. Er sieht seinen Stern sinken, wenn auch seine Hoffnung noch einmal dadurch entfacht wird, daß der tapfere Lerse ihm seine Kräfte zur Verfügung stellt zu dieser Zeit, da er nicht hoffte, neue Freunde zu gewinnen. Der Kampf zwischen den Mannen Gottfrieds und den Truppen der Reichsarmee beginnt. Das Kriegsglück neigt sich zunächst deutlich auf die Seite Gottfrieds. Er schlägt ein Detachement der Reichsarmee nach dem andern, immer mehr schmilzt die Exekutionstruppe zusammen. **Gottfrieds Linie schnellt sprunghaft in die Höhe, um aber sofort wiederum so tiefer zu fallen.** Er gerät in ernste Lebensgefahr, aus der er sich aus eigener Kraft nicht mehr zu befreien vermag. Nur das wagemutige Eingreifen Georgs und Lerses errettet ihn aus seiner verzweifelten Lage. **Wieder ein bedeutungsvoller Zug, der auf die Macht deutet, die stärker ist als der heldische Mensch.**

Gottfrieds Schar muß sich auf das Schloß Jaxthausen zurückziehen. Das Reichsheer sammelt sich und geht auf das Schloß los. Georg bringt seinem Herrn die Kunde, daß keine Unterstützung mehr aufzutreiben sei. Jetzt wird Gottfried in seiner sonst gewohnten Zuversicht erschüttert. Er ahnt die Wendung in seinem Leben. „Das Glück fängt an, launisch mit mir zu werden. Ja, es ist weit mit mir gekommen. Vielleicht bin ich meinem Sturze nah!", ruft Gottfried aus. Er beginnt sich in das Unvermeidliche der Lage zu schicken. Wir gewahren deutlich durch die Ereignisse hindurch im Hintergrunde die unerbittlich waltende geschichtliche Macht, die Gottfried von Berlichingen beugt, so sehr er sich auch dagegen aufbäumt. **Die geschichtlichen Kräfte der aufkommenden neuen Zeit sind stärker als die von einem heldischen Menschen vertretenen und verfochtenen idealen Forderungen einer in natürlich-notwendiger Entwicklung zu Ende gehenden Zeit.**

Die Truppen der Reichsarmee berennen Gottfrieds Schloß. So heldenmütig sich die Belagerten auch wehren, die Gefahr wird immer drohender. Noch einmal faßt Gottfried in einer begeisterten Tischrede seine politischen Ideale zusammen und gibt der zuversichtlichen Hoffnung auf deren endliche Verwirklichung Ausdruck. Dann aber ist er genötigt, mit den Belagerern um freien Abzug zu verhandeln. Vertrauensvoll geht Gottfried auf die Bedingungen der Reichsarmee ein; es wird freier Abzug gewährt. Als aber Gottfried mit den Seinen das Schloß verläßt, werden sie verräterisch überfallen und gefangen genommen. Die Hinterlist seiner Feinde ist über Gottfried Herr geworden. **Die neue Zeit setzt sich über die idealen Anschauungen des feudalen Rittertums hinweg.** Wütend über den Treubruch, wird der Berlichingen nach Heilbronn, an den „fatalen Ort" geschafft, wo er schon einmal gefangen saß. Gottfrieds Lebenslinie ist zu einem Tiefpunkt gesunken, wie der Held noch keinen erlebt hatte.

Gottfried von Berlichingen ist mit seinen Getreuen

in der Gewalt des Reichsregiments. Durch die Gnade des Kaisers, der, wenngleich durch den Lauf der Geschichte berufen, das politische Ideal der neuen Zeit gegenüber den Verteidigern der alten feudalen Anschauung zu vertreten und zu verfechten, in einem starken Zug seines Wesens auf die Seite der Reichsritter neigt und sich vom Zwange dieser standesbewußten Persönlichkeiten nicht zu befreien vermag, bleibt Gottfried von der Kerkerhaft verschont. Heilbronn, eine der Lieblingsstädte des Kaisers, wird ihm zum Aufenthalt angewiesen.

Gottfried erscheint vor seinen Richtern. Mächtig reckt sich die männliche Gestalt des Reichsritters vor den kaiserlichen Räten und den Ratsherren im Heilbronner Rathaus in die Höhe. **Das schwindende deutsche Mittelalter steht der anbrechenden modernen Zeit gegenüber.** Um von der Acht und aller — nach der Überzeugung seiner Richter wohlverdienten — Strafe losgesprochen zu werden, soll Gottfried seine Schuld bekennen, feierlich erklären, sich gegen Kaiser und Reich in rebellischer Weise aufgelehnt zu haben. Diese Forderung trifft sein Innerstes, denn sie verletzt das heilige Bewußtsein seines unbedingten Rechts. Mit der ganzen ursprünglichen Leidenschaftlichkeit seiner Kraftnatur wallt sein Grimm auf. „Das ist nicht wahr, ich bin kein Rebell, habe gegen Ihre kaiserliche Majestät nichts verbrochen, und das Reich geht mich nichts an. Habe ich nicht von jeher durch alle Handlungen gewiesen, daß ich besser als einer fühle, was Deutschland seinem Regenten schuldig ist, und besonders was die Kleinen, die Ritter und Freien, ihrem Kaiser schuldig sind. Ich müßte ein Schurke sein, wenn ich mich könnte bereden lassen, das zu unterschreiben. Ich bin in einer ehrlichen Fehde begriffen. Keine Tat ist so ehrlich, so edel wie die, um welcher willen ich gefangen sitze. Ich habe meinen Arm gestreckt und habe wohlgetan." Das ist das politische Bekenntnis seiner Person und der Zeit, die er in männlicher Verkörperung vertritt. Ja, unter dem äußeren Druck der Feinde scheint seine Gestalt noch mehr zu wachsen. Er rafft in diesem Augenblick noch einmal alle Kraft und

5*

Spannung zusammen und wirkt dadurch größer und wuchtiger, als er in diesem Zeitpunkt in der Tat ist. **In seinem Innern ist bereits das zersetzende Gift der neuen Zeit der Schwäche am Werk.** Es bereitet sich die seelische Verfassung vor, in der er bald den kühnen, von tatkräftigem Entschluß geleiteten Plänen und Vorschlägen seines Schwagers Sickingen nicht mehr zu folgen vermag. Verächtlich blickt er auf die ihm angewiesene Angeklagtenbank: das Stühlchen riecht nach armen Sündern!

Gottfried steht an einem entscheidenden Punkte seines Lebens. In einer bedeutungsvollen Rückschau läßt uns Goethe an dieser Wende der Zeiten in die Welt der ritterlichen Ideale des deutschen Mittelalters blicken. Zutiefst ist Gottfried vom Geiste seiner Väter erfüllt; aus ihm erwächst seine gewaltige männliche Größe. Aber dieser Gottfried steht einsam in einer neuen Zeit; um ihn ist das Greisenalter seines Volkes angebrochen, es herrscht der Geist der Schwäche, des Niedergangs, der Verrat. Mit ungebrochener Sittlichkeit, im stolzen Gefühl seiner Unschuld und mit dem klaren Bewußtsein seines Rechtes überragt Gottfried diese Zeit. Er ist ihr subjektiv überlegen, doch der objektive Gang der Geschichte rückt von ihm ab. War Gottfried schon einmal in das unsichtbare Netz höllischer Verräterei gegangen, so ist es wiederum die Hinterlist, mit der die Gegner über ihn triumphieren. Die kaiserlichen Räte brechen die feierliche Zusage ritterlichen Gefängnisses. Die bereitstehenden Bürger Heilbronns fallen über Gottfried her, um ihn zu fangen und in den Turm zu werfen. Wütend über den Wortbruch seiner Gegner — denn die Unverletzlichkeit des gegebenen Wortes ist dem Ritter heiligste Pflicht — verteidigt er mit Ungestüm seine Freiheit gegen die Städter, die, dem Geist der neuen Zeit verfallen, kein Verständnis für Gottfrieds menschliches Recht und sittliche Unschuld haben. Sickingen erscheint, die Feinde weichen. **Gottfrieds Linie strebt nach oben.** Die äußeren Fesseln fallen, doch innerlich ist Gottfried nicht mehr frei. Sickingen, der ihn aufrütteln will, begegnet er mit den Worten: "Ich weiß nicht, seit einiger Zeit wollen sich in meiner Seele keine fröhlichen Aussichten eröffnen. Ich war schon mehr im Unglück, schon einmal gefangen, und so wie mir's jetzt ist, war mir's niemals. Es ist mir so eng, so eng." — Nun tritt wieder der Traum vor seine Seele, seine wahre Bedeutung geht ihm jetzt auf: nicht um sie ihm mit seiner Person zu ersetzen, hatte ihm Weislingen die rechte Hand aus den Armschienen gebrochen, sondern um ihn zu dem zu machen, als den er sich in diesem Augenblick fühlt, wehrloser als damals, wo sie ihm vor Nürnberg abgeschossen wurde. **Das kausal ablaufende, ihm selbst noch rätselhafte Weltgeschehen wirkt in seine Seele.** Innerlich gehemmt, tatenlos läßt Gottfried seinen Schwager für sich sorgen. Sickingen erwirkt beim Kaiser Entlassung aus der Haft. Gegen den Schwur der Urfehde darf Gottfried auf seine Burg ziehen.

Mit Jagen und dem Abfassen seiner Lebensgeschichte beschäftigt, verbringt Gottfried die Tage auf seinem Schlosse Jaxthausen. Die Tatenlosigkeit, zu der er verdammt ist, zermürbt den Mann, den der Tätigkeitsdrang sonst nie hatte zur Ruhe kommen lassen. Der Müßiggang des Schreibens will ihm gar nicht schmecken. **Die Linie seines Lebens sinkt.** Seine Haare ergrauen, er wird alt. Seine Kräfte verfallen und die Heiterkeit schwindet aus seinem Dasein. Eins noch erhält ihn aufrecht: der unangetastet gebliebene Name eines tapfern und treuen Ritters. **An seine reine Ritterehre klammert er sich als einen letzten Halt.** Deutlich fühlt er, daß etwas mit ihm vorgeht, was seine Kraft bricht, ohne sich indes schon den tieferen Zusammenhang der Dinge erklären zu können. Wir sind aus unserm Kreise gerückt, bedeutet er Georg.

Da gelangt die Kunde vom Aufstand der Bauern nach Jaxthausen. Instinktiv drängt Gottfrieds Mitgefühl auf die Seite der geknechteten Aufständischen, erklärlich bei dem Mann, der in seinem heißen Bemühen um patriarchalische Zustände unter den Menschen mehr geschwitzt hat, seinem Nächsten als sich selbst zu dienen und der die Not der Unterdrückung selbst am grausamsten zu fühlen hatte. Er teilt mit den Bauern das politische Gefühl für die Berechtigung der Selbsthilfe und für die Notwendigkeit, die persönliche Freiheit selbst zu wahren. Die Bauern kommen und verlangen von ihm, er solle ihr Führer sein. Ein schwerer Konflikt tut sich in Gottfrieds Seele auf. Er hat sein Ritterwort verpfändet, die Terminei seines Schlosses nicht zu verlassen und an keinem Kampfe teilzunehmen. In seinem Innern streitet der Grundtrieb seines Wesens zur Tat und Nächstenhilfe mit der heiligen Überzeugung von der Ritterehre. Soll er selbst das Letzte und Höchste, was ihm geblieben, den reinen Namen des Ritters verlieren? Die Bauern drohen, ihn zu ermorden und sein Schloß zu einem Scheiterhaufen zu machen.

Der ehedem so trotzige, willensstarke Gottfried hat nicht mehr die Kraft, dem Drängen und Drohen der Bauern zu widerstehen. Zu tief schon hat sich in sein Wesen die kraftzersetzende Wirkung der unabwendbar um sich greifenden Schwäche der neuen Zeit gefressen. Mit der Notwendigkeit unentrinnbarer Naturwirkung hat der greisenhafte Geist der neuen Zeit seine stolze Männlichkeit unterhöhlt. Eine geheime Kraft schaltet den Willensentschluß seiner Persönlichkeit aus. Gottfried von Berlichingen erliegt fast willenlos dem Zwang des kausalen Geschehens. Er wird Bauernführer. Er fühlt, daß er seinem Verhängnis entgegenschreitet. Sein Beginnen vor sich selber zu rechtfertigen, redet er sich ein, er könne durch seine Führerschaft der Raserei eines unbändigen Volkes Einhalt tun. Und doch ist er innerlich von der Erfüllung seiner Hoffnung nicht überzeugt, Tränen stehen ihm in den Augen, als er Abschied von den Seinen nimmt. Gottfried fühlt, daß er etwas tun muß, was er eigentlich nicht will.[1]

---

[1] Vgl. Goethes „Zum Shakespeares Tag" (Morris DjG. II, 139): Das Eigentümliche unseres Ich's, die prätendierte Freiheit unseres Wollens, stößt mit dem notwendigen Gang des Ganzen zusammen.

Nun ist Gottfrieds Untergang besiegelt. Er hat seinen Bann gebrochen und sich zu Rebellen, Missetätern und Mördern gesellt. **Seine letzte Stütze, seine Ritterehre, hat er verloren.** Er selbst zwar fühlt sich noch rein von Schuld, wenn er der niederen Gesinnung der Bauern widersteht und mit rücksichtsloser Hand die Mordbrenner zur Vernunft zu zwingen bestrebt ist. Er lädt ihren Haß auf sich; sie streben ihm nach dem Leben. Gottfried erkennt die Ohnmacht seines Einflusses auf die sengenden und brennenden Bauern. Er will sich von ihnen wieder losmachen, um seinen Namen rein zu erhalten. Er seufzt nach Rettung aus der Schlinge. Aber das Netz der Geschehnisse hält ihn umstrickt. Gottfried von Berlichingen, seines letzten Haltes, der ritlichen Ehre, beraubt, beginnt zu erkennen, daß seine Zeit zu Ende geht. Er wird als Führer der Bauern verwundet und fällt in die Hände seiner Feinde. Er wird in den Kerker geworfen.

Dem unaufhaltsamen und unentrinnbaren Zug des nach innerer Gesetzmäßigkeit ablaufenden geschichtlichen Geschehens ist Gottfried erlegen.

Jetzt bricht er auch innerlich zusammen. Mit allen Otternzungen fällt ein mächtiger Kummer seinen alten, schwerverwundeten Körper an. Gebrochen, schweigsam, in sich versunken, verglüht er in sich selbst. Er fühlt, daß es von innen heraus mit ihm zu Ende geht. Er sieht den Tod vor Augen. Jetzt erkennt er klar den Sinn seines Lebens und begreift den Geist der Geschichte, in deren Ablauf sein Schicksal verwoben ist. „**Sie haben mich nach und nach verstümmelt, meine Hand, meine Freiheit, Güter und guten Namen... Ich weiß, was auf meinen Schultern liegt. Es ist nicht das Unglück. Ich habe viel gelitten.** Wenn so von allen Seiten die Widerwärtigkeiten hereindringen und ohne Verbindung unter sich selbst auf einen Punkt dringen, dann, dann fühlt man den Geist, der sie zusammenbewegt. Es ist nicht Weislingen allein, es sind nicht die Bauern allein, es ist nicht der Tod des

Kaisers allein, es sind sie alle zusammen. Meine Stunde ist gekommen". 252f.

Noch ein schwerer Stoß trifft den Gebeugten: er vernimmt die Kunde von Georgs Tod. Georg tot? Stirb, Gottfried, du hast dich selbst überlebt, die Edlen überlebt!

Berlichingens Todesurteil wird auf das Betreiben der Adelheid von Weislingen unterschrieben. Zwar vermag Marie, Weislingen zur Vernichtung des Urteils zu bewegen, doch zu spät. Gottfried ist nicht mehr zu retten. In klarer, seherischer Erkenntnis der machtvoll aufkommenden neuen Zeit, in der die Schwachen regieren werden und der Tapfere in die Netze der Feigheit fallen wird, stirbt Gottfried von Berlichingen, unschuldig, so strafbar er scheint. 257/u.

Gottfried unterliegt als tragischer Held. Goethe stellt ihn an die Scheide zweier durch natürliche Gesetzmäßigkeit bedingter, aber einander entgegengesetzt gearteter Entwicklungsalter der Geschichte des deutschen Volkes. Gottfried verkörpert die im Kausalzusammenhang des Weltgeschehens mit der Notwendigkeit eines Naturgesetzes verfallende Zeit des deutschen Mittelalters. Lange erkennt er den in der Geschichte waltenden Geist nicht: das Naturhaft-Starke und Edle in ihm lehnen sich auf gegen den Zug der Schwäche und sittlichen Entartung der anbrechenden neuen Zeit. Da er die unedlen Praktiken der sittenlosen Vertreter des Neuen bekämpft, so ist das subjektive Recht auf seiner Seite. Doch Gottfried kämpft vergebens. Mit seinen Gegnern ist das objektive, geschichtliche Recht. Sie behalten die Oberhand. Gottfried von Berlichingen muß fallen, das Mannesalter muß, im natürlich-notwendigen Gang des Ganzen, dem Greisenalter weichen.

Mit Gottfrieds Untergang ist auch das Schicksal seines Kreises besiegelt. Sein Geist soll in kommenden Geschlechtern nicht fortleben. Sein eigener Sohn Karl lebt längst in einem Kloster und sein geistiger Erbe, der aufrechte, tatenfrohe Georg ist bei Miltenberg, wo er im Auftrag seines Herrn dem mörderischen Beginnen der Bauern Einhalt tun sollte, bei einem Überfall der Bündischen, trotzdem er sich wie ein Löwe um seine Freiheit wehrte, gefallen. Wir erkennen die tiefere Bedeutung seines Todes: Georg, der berufen war, den Geist echt-feudaler Gesinnung und männlicher Kraft fortzupflanzen, auch er wird ein Opfer der politischen Gegner seines Herrn, noch ehe er zur vollen Reife gelangt ist. Selbiz ist seinen Wunden erlegen. Elisabeth und Lerse sind allein noch am Leben, doch einsam in der neuen Zeit stehend, werden sie ihre Kraft nicht zur Auswirkung bringen.

§ 13. Elisabeth.

Elisabeth, die Gemahlin Gottfrieds von Berlichingen, ist das weibliche Gegenbild zu diesem kraftvollen Ritter. Aus dem Boden des markigen, seiner eigentümlichen Aufgabe bewußten Rittertums hochmittelalterlicher Prägung strömen die gestaltenden Kräfte auch in ihr Wesen und bilden es zum bedeutsamen Frauentypus im Mannesalter der deutschen Geschichte. In Elisabeth als Weib kommen Züge zur Geltung, die das Bild der männlichen Ritterzeit auf ihrem Höhepunkt vor dem Hereinbruch der neuen Zeit vertiefen.

Als naturhaft-starke Frauengestalt steht Elisabeth vor uns. Das Elementare, Erdnahe bildet den Grund auch ihres Wesens. Gleich ihrem Gatten als Naturkind schlicht und rauh erzogen, erwächst Elisabeth zur derben, kraftvollen und tapferen Frau, die zur rastlosen Betätigung drängt und vor keiner Arbeit zurückscheut. Frisch und entschlossen geht sie durchs Leben; ihre Umsicht und ihr praktischer Sinn bestimmen sie zur tüchtigen Hausfrau. Die Erfahrung schärft ihre Urteilskraft und vertieft ihre Menschenkenntnis; früher als ihr Mann durchschaut sie Weislingen. Die Schule des Lebens bildet ihre natürlichen Fähigkeiten; gelehrter Buchunterricht bleibt ihrer Jugend wie der ihres Mannes völlig fern.

Naturhaft-unverdorben sind auch die seelischen Regungen in dieser Frauenpersönlichkeit. Das Gefühl der Liebe und Treue bindet sie an Gottfried. Aus kraftvoller Sinnlichkeit keimt die Liebesempfindung zu ihrem Manne und die natürliche Unmittelbarkeit ihres Wesens hält sie von der sinnlichen Leidenschaft einer Adelheid ebenso fern wie von der prüden Empfindsamkeit ihrer Schwägerin Marie. Elisabeths Sittlichkeit kommt aus dem Herzen, ist nicht anerzogene Prüderie wie bei Marie.

Elisabeths tätiges, kraftvolles Wesen drängt zur tatfrohen Wirksamkeit in dieser Welt und läßt sie nicht bangen um den Lohn im Jenseits. Gott, der Schöpfer dieser schönen Welt, kann nicht Beschaulichkeit und heiligen Müßiggang wollen. In heiterer Lebensbejahung, mit gespannter Kraft im Diesseits wirken, das ist der Kern ihrer Religion. Pflichtbewußte Berufsarbeit ist Gottesdienst. Gebetsandacht und weiche, untätige Hingabe an Gottes Führung sind ihrem Wesen fremd. Zu ihrem Gott hat sie ein durchaus lebendiges Verhältnis, auf seine Allmacht und Güte vertraut sie in unerschütterlicher Liebe und frommer Gläubigkeit, zu tiefst überzeugt, daß treuem, liebevollem Wirken in dieser Welt jenseitiger Lohn nicht versagt bleibe. Dieser ursprüngliche, auf unmittelbares Erleben gegründete Glaube lehnt sich auf gegen laue Religionsübung; nicht ohne Spott geißelt Elisabeth die schwächliche Religionsübung ihrer Schwägerin Marie, deren zur Beschaulichkeit neigende, weltfremde Glaubensseligkeit ihr zuwider ist. Wie Gottfried ringt Elisabeth mit dem Leben, während Marie sich scheu und empfindlich zurückzieht. So verurteilt sie mit klarem Blick auch eine seichte christlich-kirchliche Moral, denn ihr dünkt Wohltätigkeit ein Vorrecht starker Seelen zu sein; aus Weichheit wohlzutun sei kein Verdienst. Darum erfüllt sie ebenso wie ihren Mann die von Marie geleitete schwächliche und lebensfremde Erziehung ihres Sohnes Karl mit Unmut und Sorge.

Kraftvoll, an Leib und Seele aufrecht, so will Elisabeth die Menschen. Schwache passen an keinen Platz in der Welt, sie müßten denn Spitzbuben sein.

Sie ahnt die Schwäche in Weislingen, darum fühlt sie sich in seiner Nähe beengt. Karl ist ihr zu weibisch, sie hält ihn fürs Kloster tauglich. Streben nach Buchwissen und erfahrungsfremde Gelehrsamkeit betrachtet sie gleich ihrem Gemahl als eine Abirrung von der wahren Bestimmung des Menschen, dem tapferen, verantwortungsvollen Tatleben.

Ihr Wunschbild echten Menschentums und wahrer Lebenserfüllung sieht Elisabeth verkörpert in Gottfried, ihrem Gatten. In ihm sieht sie den heldenmütigen und ehrenhaften Ritter, der unermüdlich wirkt und kämpft. Zu ihm schaut sie bewundernd empor; ihm vertraut sie in unerschütterlicher Zuversicht. Gottfried ist der männliche, von edler Gesinnung erfüllte Ritter, dem ihre Liebe gehört; mit der ganzen Stärke und Tiefe ihrer Neigung hängt sie an ihm. In der Ehe mit Gottfried, dessen Gattin zu sein sie mit Stolz bekennt, sieht Elisabeth ihr Glück erfüllt. In unbedingter Treue und mit rührender Fürsorge steht sie zu ihm und folgt ihm mutig und entschlossen in Not und Gefahr. Dabei ist sie ihrem Gatten eine vorsichtige Beraterin, die ihn auch hin und wieder vor Ungestüm zurückzuhalten sucht. Als die Last des Schicksals auf ihren Mann hereinbricht, ist sie ihm Trost und Zuflucht. Elisabeth ist sein edles, fürtreffliches Weib, das Muster einer Gattin.

Wie Elisabeth in den wesentlichen Zügen ihrer Persönlichkeit ihrem Manne gleichgeartet ist, so stimmt sie auch in ihrer politischen Denkart mit ihm überein. Im Geiste reichsritterlicher Überlieferung groß geworden, ist Elisabeth von dem Lebensgefühl des feudalen Mittelalters durchdrungen. Nach Anlage und Erziehung aufs innigste damit verknüpft, wächst auch sie in die politische Anschauungswelt ihrer Zeit hinein. Das Recht auf Wiedervergeltung und Fehde ist ihr eine Selbstverständlichkeit. Wenn ihr Mann in Ausübung dieses Rechtes Beute heimbringt, dann freut sie sich. Für den Landfrieden hat auch sie kein Verständnis; es bereitet ihr Genugtuung, daß er nicht gehalten wird. Den kaiserlichen Räten am Reichskammergericht mißtraut Elisabeth, wie sie auch das unzuverlässige, zögernde Verfahren dieser neuen, ihrem Verständnis völlig unzugänglichen Rechtseinrichtung verpönt. Den Reichsfürsten, die mit tausend Künsten und Praktiken ihrem Manne und seinen Standesgenossen entgegenstreben, steht sie feindselig gegenüber, während sie sich dem Kaiser in persönlichem Verhältnis verbunden weiß — wie Gottfried. Auch in Elisabeth ist der Drang nach Freiheit und Unabhängigkeit mächtig. Mit regem politischen Interesse und voll Standesstolz verfolgt sie die Unternehmungen ihres Mannes, ohne aber jemals selber in deren Gang einzugreifen. Es liegt ihr — im Gegensatz zu Adelheid — vollständig fern, sich in die Politik der Männer einzumischen. Was immer Gottfried zur Wahrung seiner reichsritterlichen Rechte an Taten vollführt, findet in seiner Frau eine energische Befürworterin. Sie ist durchaus von dem sittlichen Rechte ihres Mannes überzeugt. Gleich ihm hat Elisabeth kein Verständnis für den notwendigen Fortschritt der Geschichte, und es wird auch ihr nicht bewußt, daß der subjektiven ethischen Beurteilung der Handlungen des einzelnen der objektive, zwangsläufige Ablauf der Geschichte gegenübersteht. Doch die Zeichen einer nahenden Wandlung im Zeitgeist entgehen auch ihr nicht. Sie ahnt mit weiblichem Instinkt, besser als ihr Mann, den Verfall des Zeitalters der Kraft und der männlichen Tat. Sie sieht mit deutlicher Klarheit, daß dieser Geist des Verfalls in ihrem Sohn bereits wirksam geworden ist.

In felsenfestem Glauben an die Lauterkeit des Strebens ihres Mannes und seiner Gesinnungsgenossen steht Elisabeth Gottfried auf seiner wechselvollen Bahn zur Seite. Als ihr Mann sich zu den aufständischen Bauern gesellt, trifft ihre Kraftnatur der erste Stoß. Elisabeth bangt zum erstenmal um die Rückkehr ihres Mannes. Sie erkennt, daß er durch seinen Bannbruch eine Schuld auf sich lade und daß er damit seine Ritterehre verleugne. In dieser Erkenntnis verharrt sie gegenüber den gegenteiligen Beteuerungen Lerses. Auch hier ahnt sie mit ihrem sicheren weiblichen Instinkt rascher als Gottfried die tiefere Bedeutung jenes Schrittes.

So brennend der Schmerz um ihren Gatten ist, sie ermannt sich doch wieder und bleibt stark und ungebrochen auch im Elend. Und wenn sie nun doch noch an dem grausamen Schicksal ihres Mannes die Schranken des Diesseits erkennen muß, so tröstet Elisabeth sich selbst und ihren sterbenden Gottfried mit der Zuversicht, daß droben Freiheit ist.

§ 14. Hans von Selbiz und Franz Lerse.

Aus der männlichen Schar, die Gottfried von Berlichingen umgibt, treten neben Georg besonders zwei Gestalten hervor: Hans von Selbiz und Franz Lerse. Diese beiden Männergestalten neben dem gewaltigen Reichsritter, in dem das Mannesalter zur höchsten Entfaltung, zur Reife gelangt, vertiefen weiter den Eindruck dieser Zeit. Aus dem gleichen geschichtlichen Daseinsgrund wie Gottfried erwachsen, veranschaulichen auch sie das Lebensgefühl des Mittelalters und den Geist feudaler Gesinnung. Im Grunde ihrer Wesenheiten sind sie Berlichingen durchaus gleichgeartet, doch fehlt ihnen das Urgewaltige, Dämonische. Selbiz und Lerse sind von Gottfried dem Grade nach abgesetzt und weiter von ihm wie unter sich durch eine Reihe individueller Züge geschieden.

Hans von Selbiz ist gleich Gottfried reichsunmittelbarer Ritter und vertritt wie dieser energisch die feudale Überlieferung, ohne aber dessen Bewußtsein für die hohe Aufgabe eines standesbewußten Reichsritters in dieser Zeit zu haben. Selbiz ist wie Gottfried verstümmelt. (!) Und doch, obwohl er nur einen Fuß hat, ist er ein kühner und übermütiger Ritter, der sich an den Landfrieden, der das Faustrecht abschaffen will, nicht kehrt und die Fürsten als seine natürlichen Feinde bekämpft. Selbsthilfe und Fehde erscheinen ihm als natürliches Recht, und wenn dabei Beute abfällt, so dünkt ihn der Anspruch darauf aus seiner ritterlich-rechtlichen Überzeugung heraus ein selbstverständlicher. Von der Überzeugung, daß Gottfried in allen seinen Unternehmungen im Recht sei, ist er durchdrungen, und darum bedeutet es ihm schlechthin Ritterpflicht, bei dessen Fehden bis in den Tod getreu zu ihm zu stehen. Tapfer und edel, bescheiden und ehrlich, gleicht er in diesen Zügen Gottfried, zu dem er als einem überlegenen Ritter bewundernd aufschaut. Weniger gemütvoll als Gottfried und nicht in gleichem Maße zu Ahnungen geneigt, steht er den Dingen nüchterner gegenüber. Er ist nicht so vertrauensselig wie Gottfried, sondern beurteilt Menschen und Vorgänge in der Welt mit skeptisch wägendem Verstand; Weislingens hinterhältiges Wesen und Verhalten erkennt er sofort. In ritterlicher Treue zu seinem großen Standesgenossen findet Hans von Selbiz rühmlichen Tod.

Franz Lerse mit dem kleinen, aber wohlgeübten Körper, aus dessen Gesicht ein Paar schwarzer, feuriger Augen brennen, hat sein ganzes Leben lang im Reiterberuf freigewählten ritterlichen Herren gedient. Er ist ein Mann der praktischen Tat. Er grübelt nicht über die Zukunft nach, sein Wirken gilt ganz der Gegenwart. Im kriegerischen Beruf herangewachsen, hat das tapfere Männlein einst an Gottfried selbst die Probe seiner Stärke, Tapferkeit und Unerschrockenheit abgelegt. Noch aufrecht, wenn alle verzagen, furchtlos und von ritterlichem Sinn erfüllt, redlich und treu, bewährt er sich als Held gleich Gottfried. Wie bei Berlichingen, so regen sich auch bei ihm in der rauhen Männerbrust weichere, edle Gefühle. Das Herz blutet ihm, wenn er zusehen muß, wie Gottfried, dem er in verehrender Liebe zugetan ist — wieder ein Zug echt persönlichen Treuverhältnisses — ins Unglück geht. In rührender Sorge ist Lerse um Elisabeth bemüht in den Tagen ihrer Not und versucht sie zu trösten. Georg hat er in sein Herz geschlossen und dessen Heldentod geht ihm nah. Zu diesen sympathetischen Regungen gesellt sich ein Gefühl religiöser Gebundenheit, aus dem heraus er in einfältiger Frömmigkeit und naiver Gläubigkeit zum allmächtigen und allgütigen Gott emporblickt.

Mit Begeisterung geht Franz Lerse in seinem Reiterberuf auf und ist ohne Unterlaß bemüht, dessen männliche Pflichten in die Tat umzusetzen. Edel und frei dient er dem Berlichingen; nicht zum Entgelt, sondern um der Ehre eines braven Reiters willen kommt er in der Zeit der Not nach Jaxthausen, um ihm seine Person zum Dienste anzubieten; ein persönliches Dienst- und Treuverhältnis ganz im Sinne hoher Feudalität, gegründet auf Bewunderung und Verehrung, die er dem großen Helden und Ritter entgegenbringt, dessen Namen er hat rühmen hören. In unwandelbarer Treue und liebender Anhänglichkeit steht er zu seinem freigewählten Herrn.

Not und Gefahr durchlebt er an dessen Seite. In den Kämpfen mit der Reichsarmee rettet er mit wagemutiger Entschlossenheit, sein eigenes Leben mißachtend, im Verein mit Georg Gottfried aus verhängnisvoller Klemme. Auf der vom Feinde umringten Burg seines Herrn hat er dann Gelegenheit, seine mannigfachen Fähigkeiten zu beweisen. Bei dem verräterischen Überfall hält Lerse sich am längsten; er bleibt bei Gottfried, als dieser in den Bann getan ist. Als sich Berlichingen später an die Spitze der aufständischen Bauern stellt, da ist Lerse von der sittlichen Berechtigung dieser Tat überzeugt und vertritt diese Überzeugung Elisabeth gegenüber mit idealistischer Begründung: das Reich wäre Gottfried eher zu Dank verpflichtet, da er sich zur edlen Aufgabe gesetzt habe, die Bauern von Brutalitäten und Ausschweifungen zurückzuhalten. Während der Gefangenschaft Gottfrieds hofft er bis zuletzt auf dessen Befreiung und schließliche Rechtfertigung. Erst als er erfährt, daß Weislingen Kommissarius geworden sei, beginnt auch er um seinen Herrn zu bangen. Er ahnt das Verhängnis, wenn er auch bis zuletzt an Gottfrieds edlen Sinn und an Gottfrieds Recht glaubt. Den letzten Blick in den wahren Sinn der Verhältnisse vermag Lerse nicht zu tun, da er nicht auf der geistigen Höhe Berlichingens steht.

§ 15. Georg.

Der jugendliche Georg verkörpert **das heranwachsende Geschlecht des Mannesalters**. Die wesentlichen Elemente, die das hohe Mittelalter in seiner eigentümlichen Ausprägung bestimmen und die in Gottfried von Berlichingen als dem überragenden, standesbewußten Vertreter dieser Manneszeit des deutschen Volkes auf der Höhe seiner Jahre zur Reife entfaltet sind, sind auf der Lebensstufe, die der junge Georg vertritt, teils erst als Anlage vorgebildet, teils in der Entwicklung begriffen. Neben dem erwachsenen Manne steht der Knabe, der später mit seinen gleichgearteten Altersgenossen das unverfälschte Erbe feudaler Gesinnung übernehmen und verfechten soll. **Georg ist der jugendliche Gottfried**; in des Buben Art und Lebensführung sehen wir Gottfrieds eigene Jugend veranschaulicht.

Aus dem rauhen Boden unverdorbener Natürlichkeit, aus dem dem Mannesalter des deutschen Volkes die urwüchsige Kraft aller Lebensäußerung zuströmt, erwächst auch die Gestalt des jungen Georg. Eng mit der Natur verwachsen ist und bleibt sein Wesen, so daß die verweichlichenden Einflüsse der fortschreitenden Kultur der neuen Zeit ohne Wirkung auf ihn bleiben. Wie sein Herr in der Jugend ist er ein **Naturbursche**, der zum heldischen Menschen veranlagt und bestimmt ist.

Die **natürliche Kraft** seines Körpers wird durch ständige Übung gebildet und im kräftespannenden Dienste des Reiterberufs gestählt. Mit dieser naturhaften Stärke ist **Kühnheit** gepaart, die oft zum Wagemut wird, der aller Widerstände spottet und den Tod verachtet. Gleich seinem Herrn hält den jungen Georg ein ungestümer und **unbezwinglicher Tatendrang** in rastloser Spannung; die natürlichen Kräfte müssen in steter Wirksamkeit spielen; Müßiggang ließe ihn verkümmern. Im impulsiven Drange seines Temperaments schreitet er, wann immer es gilt, zur Tat, ohne die Ausführung im einzelnen vorher zu überlegen. Im Vertrauen auf seinen natürlichen Scharfsinn und sicher geleitet vom praktischen Verstand, den stetige Übung fördert, gehorcht er entschlossen seinen ersten Eingebungen und läßt die Tat unmittelbar folgen.

Die Natürlichkeit und Unmittelbarkeit dieser Eigenschaften bilden auch den Grundzug seiner geistigen Veranlagung. Der **gesunde Witz**, mit dem er von Natur aus begabt ist, ist durch keine gelehrte

Bildung noch durch Buchwissen verderbt. Mit naiver Aufgeschlossenheit, reflexionslos, steht er der Welt gegenüber; in **natürlich=unverbildeter Sinnlichkeit** erschöpft sich sein seelisches Verhalten zu den Dingen. In seiner knappen, bildhaft-anschaulichen Sprache kommt dieser Zug seines Wesens zum Ausdruck (vergleiche dazu auch sein Lied S. 44!).

Dieselbe Natürlichkeit bestimmt sein Gefühlsleben. Wie bei seinem Herrn halten sich auch in Georgs Seele **Verstand und Gefühl in glücklicher Ergänzung** die Wage. Sein Gefühlsleben entwickelt sich in natürlicher Reinheit; Züge sinnlich=verderbter Liebe fehlen völlig. Auch hier wird es deutlich, daß er von dem entnervenden, sinnlich=reizbaren Geist der neuen Zeit unberührt geblieben ist, ebenso wie er von der trüb=sinnlichen Leidenschaftlichkeit der Zigeuner weit entfernt ist. Die Unverdorbenheit seines natürlichen Wesens bedingt das Vorwalten edler Regungen. Seine ganze Lebensführung ist an die **Normen gesunder Sittlichkeit** und natürlichen Anstands gebunden. Die Züge sympathetischen Gefühls seines Gebieters sind auch bereits im jungen Georg ausgeprägt. Er ist menschenfreundlich und tritt hilfsbereit für seine Mitmenschen ein. Dazu gesellt sich ein starkes Gefühl der Treue. In unwandelbarer Anhänglichkeit, getragen von liebender Verehrung, hängt er an seinem Herrn. Tatbereite Treue und sicheres Rechtsempfinden leiten ihn bei der Ausübung seines Reiterberufs. Das eigene gute Gewissen verleiht ihm die Sicherheit im Verkehr mit den Menschen und stärkt seine Widerstandskraft gegen Anfeindungen von außen. Es schärft auch die Feinfühligkeit gegenüber dem unedlen Gebaren der fürstlichen Vertreter der aufkommenden neuen Zeit. So tritt er im Bewußtsein eigenen Rechts entschlossen und selbstsicher auf seinem gefährlichen Kundschaftergang nach Bamberg Weislingen gegenüber auf. Es verletzt sein Ehrgefühl, zu bemerken, wie Weislingen sich wundert, von einem Reitersjungen zur Rede gestellt zu werden. Zu wackerer Wirksamkeit in diese Welt gestellt, be=

unruhigen ihn Gedanken über das Jenseits nicht, seine Seele kennt keine religiösen Nöte; kirchlichen Dingen gegenüber ist der junge Georg von naiver Scheu erfüllt, und wie sein Herr begegnet er dem Bruder Martin mit frommer Achtung.

So in seiner Persönlichkeit zum heldischen Mann und großen Menschen ausgestattet und bestimmt, wächst der junge Georg in dem kraftvollen, markigen Geist ritterlicher Umgebung auf. Als Reitersjunge steht er im Dienste Gottfrieds von Berlichingen. Im Denken und Handeln der mannhaften Vertreter des Berlichingen-Kreises sieht er seine ahnungsvolle Vorstellung von der Bestimmung männlicher Wirksamkeit erfüllt. Er erkennt sich wesensgleich mit den heldischen Verfechtern einer hohen Überlieferung. In der Brust des jugendlichen Georg erwacht und reift das **Verständnis für das politische Ideal des selbstbewußten Rittertums**. Frühzeitig regt sich in ihm der Drang, bald ebenbürtig an die Seite der Männer um Gottfried zu treten und mit ihnen im Gefühle stolzer, kraftbewußter Männlichkeit hohen ritterlichen Zielen nachzustreben. Diese Begeisterung stachelt ihn. Der heilige Georg ist sein Patron. Tapfer und fromm will er sein wie er. Um die baldige Erfüllung seines heißen Verlangens nach Heldengröße betet er zu seinem Namensheiligen und seine Augen leuchten: „Heiliger Görg, mach mich groß und stark, gib mir so eine Lanze, Rüstung und Pferd; dann laß mir den Drachen kommen!" Das Herz schlägt ihm höher, wie er auf dem Bilde des heiligen Georg, das ihm der Bruder Martin schenkt, den schönen Schimmel und die goldene Rüstung erblickt.

Dieses Wunschbild seiner Seele scheint ihm im Leben verkörpert in seinem Herrn, Gottfried von Berlichingen. Zu ihm blickt er auf als dem leuchtenden Vorbild eines echten und glänzenden Ritters. Gottfrieds Taten, von denen er so gern durch die Knechte erzählen hört, erfüllen ihn mit Bewunderung und nähren seine Einbildungskraft, machen ihn ungeduldig, es seinem großen Gebieter bald gleichzutun. Was sich im Innern des jugendlichen Georg keimhaft regt an ritterlicher Vorstellung und ritterlicher Zukunftshoffnung, das sieht er in Gottfried lebensvoll gestaltet. Ihm als seinem Meister eifert er nach und in unverwandtem Blick auf ihn wächst er mehr und mehr in die Anschauungswelt des feudalen Rittertums hinein. Bald erfüllen auch ihn durchaus die politischen Gedanken und ritterlichen Ideale seines Herrn. Freiheit ist auch ihm das höchste Gut. Kaiser und Fürsten sieht er ganz mit Gottfrieds Augen.

In gläubiger Bewunderung und liebevoller Hingabe hängt Georg an Gottfried von Berlichingen. Dieser erwidert seine Anhänglichkeit mit väterlicher Liebe und Fürsorge. Er erkennt in dem heranwachsenden Georg den einstigen würdigen Vertreter und Verfechter seiner eigenen politischen Überzeugungen. Als den besten Jungen unter der Sonne schließt er Georg in sein Herz, und seine Erziehung läßt er sich ganz besonders angelegen sein.

Gottfried erzieht den kleinen Georg zum Helden. Der Bub soll im Waffenhandwerk unterwiesen, zum waffenfrohen, streitbaren Manne und energischen Vorkämpfer der alten echten Ritterideale erzogen werden. Von gelehrtem Buchwissen, von Unterricht im höfischen Anstand hält er ihn fern. Gottfried gewöhnt Georg frühzeitig an eine anspruchslose und rauhe Lebensweise. „Better" kennt der Junge nur vom Hörensagen. Gottfried ist bestrebt, die natürlichen Anlagen im Buben zur Entfaltung zu bringen. Er soll durch die Erfahrung hindurch. Praktische Tätigkeit und dauernde Übung sollen die Kräfte stählen und die Sinne schärfen. Zu diesem Zwecke wird der junge Georg zunächst von Gottfried mit untergeordneten Diensten betraut. Als einfacher Reitersjunge hat er die Pferde zu warten und für seinen Herrn bereitzuhalten. In allen Beschäftigungen, die dem Knappen zukommen, zeigt sich Georg sehr diensteifrig und anstellig. Dabei ist er der natürliche, muntere Bursch, der sich zur Arbeit sein Liedlein pfeift, gelegentlich auch Jagd auf Sperlinge macht. Bald tritt in dem Jungen die heldische Anlage mehr und mehr zutage. Gottfried hat oft Mühe, seinen ungestümen Drang nach Kampf und Abenteuer zu zügeln. Wenn es Gottfried seinem Zögling zunächst auch versagt, die für ihn noch zu schwere Rüstung zu tragen, so sieht er doch mit innerer Genugtuung, daß sich dieser vor Ungeduld gelegentlich den Küraß eines Knechtes umschnallt, den Helm aufsetzt, Armschienen und Handschuh überstülpt und dann mit gezücktem Schwerte sich mit den Bäumen herumschlägt. Am liebsten würde der Junge jetzt schon jeden Strauß an der Seite seines Herrn bestehen: „Laßt mich mit, Herr! Kann ich nicht fechten, so hab ich doch schon Kräfte genug, Euch die Armbrust aufzuziehen." Doch Gottfried nimmt ihn zunächst nur zu weniger gefährlichen Unternehmungen mit und bildet ihn einstweilen im Kundschafterdienst aus als einer guten Übung zu Vorsicht und Mut. Auf der Erde liegend soll er nach dem Feinde aushorchen.[1]) Großes Vertrauen setzt Gottfried in den persönlichen Mut und die Umsicht des jungen Georg, dem sich auf dem gefährlichen Kundschaftergang nach Bamberg Gelegenheit bietet, das in seine Tüchtigkeit gesetzte Vertrauen zu beweisen. Die Berührung mit dem höfischen Glanz in Bamberg bleibt ohne Wirkung auf ihn. So wird Georg nach echter Ritterart erzogen von seinem großen Herrn und Meister und wird vertraut mit den Pflichten und Gefahren des Reiterberufs.

Mit den Jahren wachsen Georgs Aufgaben. In den wechselvollen Kämpfen, die Gottfried mit seinen politischen Gegnern, den Fürsten, und mit der Reichsarmee zu bestehen hat, hat Georg Gelegenheit, sein Können zu erproben. Diese Prüfung besteht er aufs glänzendste. Gottfried zieht ihn mehr und mehr an sich heran; er befiehlt ihm, stets an seiner Seite zu bleiben. Kühn und kaltblütig ficht Georg neben seinem Herrn, und wo die Gefahr am größten, da taucht Georgs blauer Helmbusch auf. Sein Herr gerät in Bedrängnis. Mit heldenhaftem Mut schlägt sich Georg zu ihm durch, mit kecker Entschlossenheit und mit Geistesgegenwart rettet er zusammen mit Lerse das Leben seines Gebieters. Der junge Georg

---

[1]) Beachte den gleichen Zug beim Zigeunersohn 235/u

ist zum Helden herangewachsen. Im Verteidigungskampf um Gottfrieds Burg erglänzt seine ritterliche Tüchtigkeit. Sein Mut, seine Entschlossenheit und das Vertrauen auf seine Kraft steigern sich mit der Gefahr. Keiner der Feinde soll dem Kaiser melden können, sie hätten sich prostituiert, erklärt er voll Selbstbewußtsein; mit überlegenem Spott sieht er auf die Anstrengungen der Feinde herab und singt in Siegeszuversicht ein übermütiges Lied vom Meislein, das dem Käfig entwischt. Als auf der Burg das Blei zum Kugelgießen zur Neige geht, steigt Georg aufs Dach, um eine Bleirinne zu holen und bringt außer der Rinne eine Taube mit zurück, die der ihm geltende feindliche Schuß statt seiner getroffen hat. Indes die in seinem Liede bekundete Zuversicht erweist sich als trügerisch. Er wird mit seinem Herrn gefangen und teilt mit ihm das Los, in der Reichsacht auf Jaxthausen, fern aller Ritterfehde, ein tatenloses Jägerleben führen zu müssen. Dieses nichtssagende Dasein kommt ihn schwer an. Er empfindet es als eine Erniedrigung: „Das sind wir Jäger aus braven Reitern geworden, aus Stiefeln machen sich leicht Pantoffeln." Auch Georg wird vom sinkenden Zeitalter erfaßt.

Er harrt mit Ungeduld des Zeitpunktes, wo er wieder zu frischer, wagemutiger Unternehmung ausreiten kann; er will Kampf. Da ist es wie eine Befreiung, als auf die Burg die Kunde gelangt von dem Aufstand der Bauern; denn Georgs Sympathien stehen gleich denen seines Herrn, seinem elementaren Rechtsempfinden entsprechend, auf der Seite der von den tyrannischen Besitzern bedrückten Bauern. Georg zögert nicht, seinem Herrn in die Kämpfe des Bauernaufstands zu folgen. Es entspricht durchaus seiner Gesinnung, wenn ihn Gottfried mit der Aufgabe betraut, die Miltenberg brandschatzenden Bauern vor unnötigen Grausamkeiten und Plackereien zurückzuhalten und sie an ihr Gottfried gegebenes Wort zu mahnen.

Was Georg als edle Aufgabe seiner echt=ritterlichen, feudalen Gesinnung zu erfüllen sich berufen sieht, das verursacht sein Ende. Bei seinem Tode zeigen sich seine ritterlichen Tugenden noch einmal im schönsten Glanz: wie ein Löwe kämpfend stirbt er unter den letzten den rühmlichen Reitertod, mit dem letzten Atemzug noch seinen Herrn segnend. **Auch Georg wird vom Rade der Geschichte erfaßt.** Während aber sein Herr im Kerker stirbt, fällt Georg, der von der Schuld des Wortbruchs frei geblieben ist, im ehrlichen Kampfe in idealistischer Begeisterung für das hohe feudale Ideal der deutschen Manneszeit.

C. Die Mittelgestalten am Übergang vom Mannes- zum Greisenalter.

§ 16. Kaiser Maximilian.

Im geschichtlichen Entwicklungsgang des deutschen Volkes ist Kaiser Maximilian an eine entscheidende Stelle gerückt. Er steht, in einem andern Sinne als Gottfried von Berlichingen — an der Wende vom Mittelalter zur Neuzeit. In der Zeit, in der er als Oberhaupt des Reiches dessen Geschicke zu lenken berufen ist, fällt die Manneszeit zum Greisenalter ab. Während Gottfried durchaus aus dem Boden des naturhaft-starken Mannesalters zu einer einheitlichen Persönlichkeit erwächst, schürzen sich in der Persönlichkeit des Kaisers Wirkungen der in seiner Zeit verfallenden feudalen Gesinnung des Mittelalters und bereits wirkende Einflüsse des aufkommenden neuen politischen Ideals und prägen Maximilian zu einer **Mittelgestalt, die deutliche Züge des Übergangs trägt.** Wohl ist in ihm noch ein Verständnis für das Lebensgefühl des standesbewußten Reichsrittertums lebendig, ja er möchte den Geist kraftvollen und sittlich-ungebrochenen Lebens entgegen dem entnervenden und entartenden Zug der aufkommenden neuen Zeit bewahrt und fortgepflanzt sehen, doch wider diese Erkenntnis **ist der Kaiser selbst bereits dem Geist der greisenhaften Schwäche verfallen.** Die natürliche Bewegung des geschichtlichen Ablaufs zieht ihn mit sich fort und drängt ihn sogar an eine hervorragende Stelle, an der er bestimmt ist, die Pforte der neuen Zeit aufzustoßen.

Keine reckenhafte, von naturhafter Kraft gespannte Persönlichkeit, verkörpert Kaiser Maximilian schon als Erscheinung nicht mehr das Mannesalter des deutschen Volkes; er macht einen weicheren Eindruck. Er ist gewachsen wie eine Puppe, mit einer großen Nase, freundlichen, lichtbraunen Augen und blondem, schönem Haar. Auffallend gleicht ihm in seinem Äußern Adalbert von Weislingen, mit dem der Kaiser auch bedeutsame Wesenszüge gemein hat. Beiden, am Übergang vom Mannes- zum Greisenalter stehend, fehlt die Einheitlichkeit in ihrer Natur. Im Kaiser mischen sich edle Grundkeime mit minder wertvollen Trieben. Von Herzen gut, beseelen ihn die besten Absichten. Beim Kaiser findet die edle, aufrechte Art der Reichsritter lebhaftes Verständnis. Ihr ritterlicher Sinn eignet auch ihm; darum bauen die Reichsritter auf ihn, wenn die Fürsten sie in hemmungsloser Art aufs äußerste bedrängen. Auf der andern Seite aber bringt Maximilian auch den Reformvorschlägen der Reichsfürsten kluges Verständnis entgegen und bekundet Bereitwilligkeit zu ihrer Erfüllung. Doch in seinen Entschlüssen ist er überstürzt, und so ergeht eine Verordnung über die andere, ohne daß durchgreifende Verbesserungen erzielt werden. Straffheit und eindeutige Bestimmtheit gehen seinem Wesen ab. Alle Tage kommt ein neuer Pfannenflicker, dem der Kaiser nachgibt. Er ist ein unzuverlässiger Planmacher, dem die Fürsten nicht trauen, während er selbst sich seines unruhigen Geistes bewußt ist. Diese Wankelmütigkeit ist ein bemerkenswerter Zug seines Wesens. Jähe Selbstwilligkeit wechselt mit schwächlicher Unselbständigkeit und willenloser Nachgiebigkeit. Auf dem Reichstag zu Augsburg begegnet er den Fürsten zunächst mit selbstbewußter Energie, um sich aber nach der Rede des Kurfürsten von Mainz willfährig ihren Entschlüssen zu fügen. Unselbständig geht er bei seinem Vorgehen gegen die Ritter Weislingen um Rat an.

So in seiner Persönlichkeit vom Geist der Schwäche zernagt und unterhöhlt, findet Maximilian in seiner politischen Stellung als Reichsoberhaupt nicht die Kraft, um den den Bestand des Reiches zersetzenden Wirkungen des eigennützigen Machtstrebens der Reichsfürsten[1]) mit Tatkraft und politischer Zielstrebigkeit entgegenzuarbeiten. Er, der Schatten von einem Kaiser, muß ohnmächtig zusehen, wie die selbstsüchtigen Territorialfürsten in ihrem schrankenlosen Egoismus die absolutistische Politik der neuen Zeit zum äußersten treiben. Kraftlos sind seine Anstrengungen, dem eigennützigen Gebaren der Fürsten zu steuern. Am Ende ist er doch der Strohmann, der die Vögel von den Gärten der Fürsten verscheucht, die Seele eines krüppeligen Körpers, der unter seiner Regierung mehr und mehr zu verfallen droht. Maximilian muß den Reichsfürsten die Mäuse fangen, inzwischen die Ratten seine Besitztümer annagen. Unter ihm zerfällt die zentrale Reichsgewalt, die die Fürsten mehr und mehr ihren selbstischen Zwecken dienstbar machen. Kein Fürst im Reiche ist so klein, dem nicht mehr an seinen Grillen gelegen wäre als an des Kaisers Gedanken. Auch die kaiserlichen Räte machen seine Befehle zu Knechten ihrer Leidenschaften. Der Kaiser muß dulden, daß die fürstlichen Reichsstände ihm gegenüber die schuldige Ehrfurcht außer acht lassen, ihm auf eine unanständige Art mitspielen und nach dem Kopf wachsen. Es zerfällt das edle feudale Band, das im Mittelalter die Reichsstände an das Reichsoberhaupt knüpfte. Durch die Lehnspflicht wären die Fürsten dem Kaiser zur Heeresfolge verbunden, doch sie versagen ihm diesen Dienst und entziehen sich ihrer Reichspflicht. Der Kaiser hat nicht die Kraft sie zusammenzuhalten. Und die Reichsstädte stehen den Fürsten an eigennütziger Gesinnung nicht nach.

Bei dem Mangel einer starken zentralen Gewalt zerklüftet das Reich mehr und mehr in ständische Gegensätze. Der Kaiser ist nicht imstande, diese

---

[1]) Die Einzelheiten über die Politik der Territorialfürsten und ihre Stellung zur Zentralgewalt siehe S. 130 ff.

Gegensätze zu versöhnen und zu unterdrücken. Der Befehdungstrieb steigt bis in die untersten Stände hinab. Deutschland wird zu einer Mördergrube, Deutschland sieht einem Moraste ähnlicher als einem schiffbaren See und erstickt in einem Sumpf. Infolge dieses Verfalls im Innern sind dem Kaiser auch die Hände gebunden zur Verfolgung außenpolitischer Ziele. So kann er nicht hindern, daß die Wölfe, die Türken, und die Füchse, die Franzosen, das Reich bedrohen, aber weder Fürsten noch Städte sind gesonnen, ihre Hilfe zu leihen.

Immer wieder versucht Kaiser Maximilian gegen den Verfall des Reiches anzukämpfen. Es mag ihm bei seinen Unternehmungen zur Wahrung des Reichsbestandes die Erinnerung an die idealen Verhältnisse des feudalen Mittelalters vorschweben. Indes die Zeit ist weitergerückt und hat im natürlichen Zug der Geschichte eine andere politische Gesinnung und Anschauung heraufgeführt. Ganz auf dem Boden des Neuen stehen die Fürsten. Diese sollen die Oberhand behalten, denn mit ihnen ist die Zeit. Um das Reich zu beruhigen, bereden die Reichsfürsten den Kaiser, einen allgemeinen Landfrieden auszuschreiben. Diese Maßnahme des Kaisers, die auf dem Wege reichsgesetzlicher Verordnung mit einem Schlag des Fehdewesen aus der Welt schaffen soll, hat, an sich wohl zeitgemäß und historisch berechtigt, als letzte Veranlassung die Hoffnung der Reichsfürsten, daß durch den Erlaß eines allgemeinen Landfriedens die fehdelustigen Reichsritter in Schach gehalten und so der politische Widerstand gegen ihr eigenes selbstisches Machtstreben gebrochen werden könne. Es bleibt dem Kaiser nicht unverborgen, daß die Rücksicht auf ihren Eigennutz der letzte Beweggrund der Fürsten zur Förderung des Landfriedens ist. Er erkennt, daß er damit einen Wall, den niemand so nötig hat als die Fürsten selbst, gegen deren politische Widersacher aufführt. Zu schwach, um ihren Absichten zu begegnen, muß der Kaiser dem Begehren der Fürsten nachgeben, wie er auch auf ihren Vorschlag, ein Reichskammergericht als höchste Vollzugsinstanz des Landfriedensgesetzes zu errichten, eingehen muß. Aus der Rechtslage der neuen Zeit ersteht der Gedanke dieser Rechtsbehörde und ist damit als notwendiges Erzeugnis der geschichtlichen Entwicklung objektiv durchaus berechtigt. Und die Verstandeskultur der neuen Zeit entdeckt in den begrifflich durchgebildeten Theoremen und Sätzen des römischen Rechts das gegebene Werkzeug, um Recht zu schaffen. Vorbei ist die Zeit des kraftbewegten Mittelalters, in der der einzelne, gebunden durch ein starkes natürliches Rechtsgefühl, mannhaft sein Recht mit dem Schwerte vertreten durfte und erkämpfte. Das neue Prinzip, das das satte Ideal bürgerlicher Ruhe und Glückseligkeit gewährleisten will, kann mit staatlichen Machtmitteln zwar Fehdewirren, die von weniger kraftvollen Fehdeanhängern ausgehen, bekämpfen, nicht vermag es, den natürlichmächtigen Fehdetrieb derjenigen standesbewußten Reichsritter, in deren kraftvollen Persönlichkeiten der alte mannhafte Geist lebendig ist, zu tilgen. Der natürliche Instinkt der starken Ritter, die noch durchaus im Geiste der feudalen Überlieferung leben, bäumt sich gegen die von den Reichsfürsten gewollten und veranlaßten Rechtseinrichtungen auf. Ein Berlichingen und ihm geistesverwandte Reichsritter fühlen sich in ihrem Lebenselemente bedroht. Sie erkennen mit deutlicher Klarheit, daß sie, wenn sie sich dem Landfriedensgesetz beugen und dem Reichskammergericht unterordnen, bald von den machtgierigen Reichsfürsten verschluckt würden.

Kaiser Maximilian, der den krassen Egoismus der Reichsfürsten, die jede feudale Bindung an Kaiser und Reich verleugnen, kennt und anderseits fühlt, daß in den reckenhaften und edlen Gestalten der Reichsritter das unverfälschte Lehnsideal des deutschen Mittelalters fortlebt, sieht sich in eine zwiespältige Lage gedrängt. Unverkennbar steht er mit seinem Herzen auf der Seite der tapferen und edlen Ritter. Ihn freut der Geist persönlicher Treue, der die Reichsritter bei ihren Handlungen leitet. Er bewundert ihren persönlichen Mut und wünscht sie in seiner Armee zu haben. Er belohnt ihre Treuauffassung und ihre Achtung vor ihm als Reichsoberhaupt durch sein Bestreben, allen Vorstellungen der

Reichsfürsten zum Trotz sie zu schonen und vor Demütigungen zu bewahren. In väterlicher Weise verzeiht er ihnen ihre Übertretungen und läßt Gnade walten, wenn er sie unter Befolgung der von ihm erlassenen Gesetze vernichten sollte. Bei alledem aber — und das ist seine Tragik — steht er unter dem Gesetz der neuen Zeit; er ist nicht stark genug, von politischen Maßnahmen abzusehen, die den letzten Rest der Gesinnung des feudalen Mittelalters vernichten müssen. Schwach wie er ist, muß er den Fürsten gehorchen und damit dem in ihnen zur Auswirkung kommenden Zug der neuen Zeit folgen, wenn er den Landfrieden verkündet, das Reichskammergericht einsetzt und damit dem Absolutismus der neuen Zeit den Weg bereitet. **Auch Kaiser Maximilian ist ein Werkzeug jener Macht, die über und entgegen dem Wirken der Einzelpersönlichkeit mit der Notwendigkeit eines Naturgesetzes Geschichte schafft.**

Im aussichtslosen Kampf gegen das Aufstreben der Territorialfürsten und Städte reibt sich der Kaiser auf. Es gelingt ihm nicht, Ruhe und Ordnung zu schaffen. Verzweifelt muß er zusehen, wie die Händel in seinem Reiche nachwachsen wie die Köpfe der Hydra. Er wird alt und mißmutig, und wenn er auf sein vergangenes Leben zurückblickt, möchte er verzagt werden über so viel halbe, so viel verunglückte Unternehmungen.

Kraftlose Halbheit bestimmt das Wesen Maximilians. Seiner Natur fehlt ein starker, vorwaltender Zug. **Er verkörpert den entnervten Geist einer Zeit, in der das Mannesalter sich zum Greisenalter umbildet.** Schwankend ist seine Stellung zwischen den Reichsrittern, auf deren Seite ihn — trotz ihres historischen Unrechts — sein Herz drängt, und den Reichsfürsten, deren absolutistischer Selbstsucht er — trotz ihres historischen Rechts — entgegenstrebt. Der Kaiser stirbt, nachdem er als Oberhaupt des Reiches, dem Zwange der Geschichte folgend, das Ende der Manneszeit beschleunigt und den Hereinbruch des schwächlichen Greisenalters des deutschen Volkes als ein Werkzeug der Geschichte, die mit der Notwendigkeit eines Naturgesetzes abläuft, mitbewirkt hat.

§ 17. Adelbert von Weislingen: seine Persönlichkeit.

Adelbert von Weislingen ist wie Gottfried von Berlichingen Reichsritter. Er stammt aus dem edlen Geschlechte der Weislingen, deren Schloß und reichsunmittelbarer Besitz in reich gesegneter und anmutiger Gegend am Main liegt.

Während aber Gottfried das mittelalterliche Reichsrittertum in einer überragenden, kraftvollen Persönlichkeit verkörpert, paßt Weislingen schon in seiner äußeren Erscheinung nicht mehr völlig in die Zeit des markigen Mannesalters der deutschen Geschichte. Nicht breitschultrig und robust genug für einen Ritter, war an ihm der formende Einfluß einer weniger stark gearteten Zeit, der Zeit des Greisenalters des deutschen Volkes, wirksam. Gewachsen wie eine Puppe, schön und ansehnlich von Gestalt, mit blonden Haaren und lichtbraunen Augen, scheint Adelbert von Weislingen eher zum Hofmann als zum Ritter bestimmt. Auffallend gleicht er in seiner Erscheinung dem Kaiser (große Nase!), mit dem er auch im Wesen wichtige Züge gemein hat, mit ihm an eine besondere Stelle in der Fortentwicklung vom Mannes- zum Greisenalter gewiesen.

Weislingens Gestalt birgt ein **weicheres, sanfteres Wesen; die naturhafte Stärke** urwüchsiger Ritter **fehlt** ihm. Edleren Gefühlen ist auch er durchaus zugänglich, wenngleich sie bei ihm, seiner ganzen Veranlagung nach, nicht wie bei Gottfried aus der drängenden Fülle elementarer Kraft fließen. Er ist freundlich, gefällig, liebreich und nachgiebig. Er ist ein guter Herr, der Franz liebt wie seinen jüngeren Bruder; herzlich ist seine Freude an Gottfrieds Söhnchen. Er hat ein Gefühl für edle Regungen auch bei seinen Mitmenschen. Für die Freundschaftsbeweise Gottfrieds während seiner Gefangenschaft und dessen Edelsinn ist Weislingen empfänglich. Ein Zug von Frömmigkeit ist ihm nicht fremd, ohne indes für die Entfaltung seiner Persönlichkeit bestimmend zu werden. Auch in seiner Seele werden, ähnlich wie bei Gottfried, Ahnungen wach, wenngleich er sich ihnen nicht ausliefert, da er sie in aufgeklärter Weise der Kritik seines Verstandes unterzieht, wie er auch gegen abergläubische Anwandlungen kämpft.

Der edle Kern seiner Gefühlsveranlagung bleibt aber nicht unangetastet. Weislingen ist **sinnlich** und das Lächeln einer schönen Frau bringt ihn in leidenschaftliche Wallung; Frauenliebe spielt in seinem Leben eine Rolle. Diese leidenschaftliche Spannung, die die Reize der Frau in seiner Natur wachrufen, ist wesensverschieden von der gesunden, natürlichen Sinnlichkeit eines Gottfried und einer Elisabeth.

Mit der Gefühlsseite seines Wesens paart sich gute verstandliche Begabung. Weislingen ist der aufkommenden Verstandeskultur durchaus zugeneigt und rückt gerade mit dieser Seite seines Wesens von seinen Standesgenossen, deren Lebensgefühl dem Neuen widerstrebt, in bedeutsamer Weise ab. **In seiner Natur kommt der Verstand zu vorherrschender Geltung.** Adelbert ist als pfiffiger Kerl bekannt, der selten mit Schnuppen behaftet ist.

Weislingen fehlt die sittliche Eigengesetzlichkeit, in der die Größe Gottfrieds verankert ist. Er ist einer von jenen Menschen **ohne starken inneren Halt**, die selten die Stärke haben, der Versuchung zu widerstehen und niemals die Kraft, sich vom Übel zu erlösen. Er ist von jeher der Elenden einer gewesen, die weder zum Bösen noch zum Guten einige Kraft haben. Die Schwäche des Greisenalters hat auch ihn ergriffen.

§ 18. Adelbert von Weislingen: seine Entwicklung.

Der junge Adelbert wird im Sinne des Rittertums alten Stils erzogen. Auf Schloß Jaxthausen wird er gemeinsam mit Gottfried vom alten Berlichingen in den Waffenkünsten des Ritters unterwiesen und geübt; in ritterlichen

Knabenspielen verfliegen glückliche Jahre. Warme, innige Freundschaft verbindet die beiden ritterlichen Zöglinge; Freud und Leid ertragen sie miteinander. Sie schlafen beisammen, ziehen miteinander umher und dienen später gemeinschaftlich als Knappen dem Markgrafen von Ansbach. Der kleine Adelbert hängt an Gottfried wie an seiner Seele. Als Gottfried später vor Nürnberg die rechte Hand weggeschossen wird, da pflegt Adelbert seinen Freund wie ein Bruder. Und wenn nach Jahren Weislingen im unwiderstehlichen Drang seiner Entwicklung seinem Jugendfreunde fernrückt und beide als Männer erbitterte Gegner werden, die Erinnerung an ihre Jugendfreundschaft wirft immer einen sonnigen Strahl in die trübe Not ihrer späteren Schicksale.

Mit Gottfried teilt Adelbert in der Jugend auch die politische Anschauung. Als Sproß eines alten reichsunmittelbaren ritterlichen Geschlechts vertritt Weislingen das politische Ideal seines Standes, das ihn gegen die fürstlichen Reichsstände und die höfische Kultur einnehmen muß. Es hat den Anschein, als ob Weislingen in die Art und den Sinn der alten Ritterzeit hineinwachsen wolle.

Doch mit der Jugend schwindet die edle Bindung zwischen Gottfried und Adelbert. In Weislingens Seele greift ein Gefühl um sich, das, mächtig anwachsend, bald alle übrigen edleren Regungen überwuchert. Es ist der Ehrgeiz. Tief in Weislingens Persönlichkeit wurzelt dieses unedle Gefühl und sein Auftreten ist aus einem inneren, entwicklungsgeschichtlichen Grund zu begreifen. Es offenbart eine entscheidende Wesensverschiedenheit zwischen diesen beiden Gestalten der Dichtung. Beide, Berlichingen und Weislingen, sind durch Abstammung und Erziehung zur gleichen Lebensaufgabe berufen, doch ihre Wesenheiten erwachsen aus verschiedenem Daseinsgrund. Während in Gottfried noch die ungebrochene Kraft der deutschen Manneszeit die Persönlichkeit prägt, sind bei Weislingens Gestaltung bereits die Kräfte einer Zeit greisenhafter

Schwäche mitbildend wirksam. Gottfried strebt in natürlich-ungehemmtem Aufstieg zu heldenhafter Größe empor, Weislingens Wachstum ist durch die Ohnmacht des Greisenalters gehemmt. Er muß zusehen, wie Gottfried an Größe und Geltung der Persönlichkeit mächtig über ihn hinauswächst, während er selbst sich an einen Stärkeren anlehnen muß, um etwas zu sein.

Dieser Zwiespalt ist schon in der Jugend angedeutet. Im ritterlichen Wettkampf bleibt fast stets Gottfried überlegen, und nur bei äußerster Kraftanstrengung gelingt es Weislingen dann und wann, seinen Freund zu überwinden. Dann glüht ihm das Herz und er fühlt, was er nie wieder gefühlt hat. Denn so sehr er auch Gottfried liebt, er kann es nicht verwinden, in ihm stets den Überlegenen sehen zu müssen. Es sitzt ein Stachel in ihm, der ihn spornt nach eigener Größe zu streben, der ihn nicht sich damit begnügen läßt, nach dem geliebten Freunde der Zweite zu sein. Dieser Antrieb ist so stark in ihm, daß er schließlich, wie er erkennen muß, daß er niemals Gottfried würde übertreffen können, gewaltsam das Band der Jugendfreundschaft zerreißt und sich unter die Gegner Gottfrieds, unter die kleinen und schlechten Menschen, die Fürsten, gesellt in der Begier, in ihrer Mitte das zu werden, was sein Ehrgeiz erstrebt. Dieses in ihm so mächtige, unedle Gefühl, ein hervortretendes Merkmal der Zeit des sittlichen Verfalls, des Greisenalters des deutschen Volkes, zeigt, welchen Anteil die neue Zeit an der Wesensbildung Weislingens hat. Adelbert selbst fühlt, daß etwas in ihm verwandt berührt und angezogen wird von diesem Kreis: inmitten der Fürsten glaubt er das rechte Feld für die Entfaltung der in ihm schlummernden Fähigkeiten und die Befriedigung seines Ehrgeizes gefunden zu haben.

Weislingen ist nach Bamberg an den Hof des Bischofs gegangen. Der Bamberger Bischof bekämpft gleich den andern Fürsten Gottfried von Berlichingen und die diesem gesinnungsverwandten Ritter zielbewußt im Sinne der Politik des neuzeitlichen Absolutismus. Die Politik der Fürsten macht nun auch Weislingen zu der seinen. Die alte feudale Gesinnung in ihm gerät ins Wanken, mehr und mehr neigt er dem neuen Prinzip zu. Unter dem Einfluß der fürstlichen Umgebung kommt auch er zu einer Ablehnung des Rechtes auf Fehde und Selbsthilfe. Es dauert nicht lange und er beteiligt sich am offenen Kampfe gegen seine reichsritterlichen Standesgenossen, seinen Jugendfreund Gottfried im besonderen. Am Bamberger Hofe gelingt es Weislingen, sich hohe Geltung zu verschaffen. Um seiner geistigen Fähigkeiten willen ist er hochgeschätzt. Der Bischof sieht in ihm einen gleichgesinnten Freund. Auch sonst gewinnt Adelbert viele Freunde. Der Bischof liebkost ihn als seinen bevorzugten Liebling und schätzt ihn höher als alle andern. Bald kann ihn der Bischof nicht mehr entbehren, und als Weislingen später in die Gewalt Gottfrieds fällt, da geizt der geistliche Fürst mit keinen Mitteln, ihn loszukaufen. Auch in die Gunst des Kaisers vermag sich Weislingen zu setzen.

Im Wesen Weislingens ist, wenngleich im Grunde noch die edleren Kräfte des deutschen Mannesalters lebendig sind, doch die Empfänglichkeit vorbereitet für den Geist der neuen Zeit, der in dem Leben am Bamberger Hof zu typischer Entfaltung gekommen ist. Es vollzieht sich eine natürliche Entwicklung, wenn die mannigfachen Einflüsse der höfischen Kultur, die unter der Herrschaft des berechnenden Verstandes alle ursprünglichen Gefühlsregungen ertötet und eine Verderbnis der Sittlichkeit heraufführt, in Weislingens kraftloser Persönlichkeit lebhaften Widerhall finden. Bald unterliegt Adelbert der Wirkung des neuen Zeitgeistes in einem Grade, daß auch die Keime zum Besseren in ihm dessen zersetzendem Einfluß anheimfallen. Das Leben am Hofe, der sein Element geworden ist, untergräbt seinen sittlichen Halt. Die ehrsüchtige Neigung dringt mehr und mehr vor und steigert sich allmählich zu Maßlosigkeit. Neid und Haß erfüllen ihn bei dem Gedanken an Gottfrieds ritterliche und menschliche Größe. Wenn er die Freundestreue gegen Gottfried längst verleugnet hat, vom Stachel eines mächtigen Ehrgeizes gespornt, betreibt er jetzt die Fehde gegen Gottfried selbst am stärksten. Er schmiedet die Anschläge gegen ihn und leistet dem Bischof als erster Ratgeber in allen Unternehmungen gegen Berlichingen Vorschub. Dabei greift er zu den gemeinen Mitteln und Gepflogenheiten der Reichsfürsten. Er wird in seinem Wesen mehr und mehr vom verderbten, unedlen Geist der neuen Zeit durchtränkt. Hinterlistig und intrigant, sucht er mit tausend Künsten und Praktiken — weil er sich's im offenen Felde nicht untersteht, — das Ansehen und die Macht Berlichingens zu untergraben. **Seine reichsritterliche Stellung und Würde verleugnet er bald völlig**, vergessen ist das Ideal persönlicher Freiheit und Unabhängigkeit. In schändlicher Weise schmiegt sich Weislingen unter Vasallen; er verwandelt sich in einen „scheußlichen, buckligen Zwerg, den der verdammte Hof die Sorge um seinen reichsunmittelbaren Besitz versäumen" läßt.

Und das alles, um seine Ehrsucht zu befriedigen. Mit fürstlichen Ehrungen überhäuft, von Frauengunst umschmeichelt, sieht sich Weislingen nun an eine beherrschende Stelle im Leben gerückt. Doch diese Größe ist nur Schein; für Weislingens innersten Drang bedeutet dieser äußere Glanz keine Erfüllung. Äußerlich zwar scheint Weislingen unter den Vertretern des neuen Zeitgeistes an seinem Platz zu sein, **innerlich aber fesseln ihn noch starke Bande an das Alte**. Zwar ist er jetzt Gottfried räumlich fern, in seinem Innern ist er von ihm nicht frei geworden. Die glücklichen Jahre der Jugendfreundschaft sind verflogen, mit ihnen aber auch die Ruhe seines Gemütes. Alles Gefühl von Größe wird ihm zur Qual. Ruhelos tätig versucht er über die innere Zwiespältigkeit hinwegzukommen.

Als Weislingen in Begleitung dreier Knechte für den Bamberger Bischof einen Wagen Güter von Basel nach Bamberg geleitet, sucht er vergebens, auf einem Umweg dem ihm auflauernden Gottfried zu entgehen. Er fällt mit seinen Knechten in Gottfrieds Hand.

Adelbert wird von Gottfried als Gefangener auf das Schloß Jaxthausen gebracht. Schwer bedrückt ihn sein Los, so schwer, daß er die Last der eisernen Rüstung nicht mehr spürt. Mit verhaltenem Unmut, finsteren Blicks, verbissen schweigend fühlt er den Vorwurf, der ihm aus der edlen Größe seines ehemaligen Jugendfreundes und jetzigen Besiegers entgegenspricht. Gottfried begegnet Adelbert mit ritterlicher Großmut und behandelt ihn aufs ehrenvollste.

Die Zeit des starken Rittertums, in dessen Geist auch Weislingen selbst herangewachsen ist, übt durch die edle Gestalt Gottfrieds wieder eine mächtige Wirkung auf ihn aus. Der Geist der Geschichte bereitet ihm Lebenslagen, in denen ihm immer von neuem die Halbheit seiner Persönlichkeit eindringlich bewußt wird.

Zwiespältige Gefühle werden in Weislingens Seele erweckt: der Saal mit den Geweihen, die Aussicht über den Fluß rufen die Erinnerung an die hier in ritterlichen Knabenspielen mit Gottfried gemeinsam verbrachten glücklichen Jugendjahre wach. Diese Bilder aus der Jugend peinigen ihn und erfüllen ihn mit Unruhe. Vor Gottfrieds eigenständiger und selbstbewußter Größe und seinem Edelsinn fühlt er sich tief erniedrigt. Diese aufrechte Persönlichkeit zieht Weislingen in natürlichem Zwang in ihren Bann. „Wohin ist der Haß gegen diesen Mann? Wohin das Streben wider seine Größe? Solang' ich fern war, konnt' ich Anschläge machen. Seine Gegenwart bändigt mich, fesselt mich." So muß er sich selbst bekennen. Angesichts der reckenhaften Gestalt und unter dem Eindruck der ungebrochenen Gesinnung seines ehemaligen Jugendfreundes kommen ihm seine eigene Schwäche und sittliche Haltlosigkeit mit marternder Deutlichkeit zum Bewußtsein.

Weislingen, dessen Tun nicht in eigener Persönlichkeitstiefe begründet und nicht von einer starken Verantwortlichkeit in seinem eigenen Innern sicher geleitet wird, der stets im Leben mehr getrieben wurde als daß er sich selbst bestimmte, unterliegt der aus eigener Kraft aufstrebenden Reckenhaftigkeit Gottfrieds wiederum wie in der Jugend. Während

er wähnt, den Sinn seines eigenen Lebens wieder=
erkannt und sich aus freiem Entschluß auf seine
eigene Bestimmung besonnen zu haben, handelt er
doch nur unter dem Zwange von Gottfrieds Größe.
Selbst unfrei, genötigt, **fällt der Mann, der in sich
keinen Schwerpunkt hat, jetzt wieder dem
Geiste des starken Mannesalters an=
heim**, wie er vorher und bald nachher wieder von
dem Zuge der Zeit des Verfalls überwunden wird.

Besonders grausam trifft ihn Gottfrieds Vor=
wurf, die alte Rittersache verraten und sich auf die
Seite von schlechten Menschen, den politischen Geg=
nern der Reichsritter, geschlagen zu haben. Zwar
macht er noch Versuche, das Vorgehen seiner neuen
politischen Freunde zu rechtfertigen und die Hand=
lungsweise des Bischofs von Bamberg begreiflich er=
scheinen zu lassen. Als aber Gottfried in ihn dringt
und ihn bestürmt, sein abwegiges Verhalten zu ver=
leugnen und sich wieder zu ihm zurückzufinden, da
überkommt Weislingen, dessen weichere Regungen am
Hofe zwar überwuchert, aber noch nicht völlig erstickt
worden sind, ein aufrichtiges Gefühl der Reue und be=
wegt ergreift er Gottfrieds Hand. Gottfried hat ihn
wieder völlig eingenommen. Der Geist des mann=
haften Rittertums kommt wieder über ihn; er steht
von neuem unter dem Einfluß der feudalen An=
schauungen.

Er sieht es jetzt als eine Verirrung an, sich je von
Gottfried entfernt zu haben, um frei zu sein. Er er=
kennt mit Gottfrieds Augen in den Fürsten kleine
Menschen, schämt sich seiner Abhängigkeit, die er in
seiner Verblendung für ein Herrschen gehalten hatte
und gelobt sich, völlig mit Bamberg zu brechen und
sich von neuem an Gottfried, den wahrhaft freien,
dessen große Seele sich selbst genug ist, anzuschließen.
Er hofft, dann endlich die innere Ruhe zu finden,
die ihm bisher bei allen äußeren glänzenden Er=
folgen gefehlt hat. Noch einmal flammen die alten
Überzeugungen auf.

Gottfried gibt ihm die Freiheit zurück gegen das
Gelöbnis, daß er künftig seinen Feinden weder
öffentlich noch heimlich Vorschub tun wolle. Die alte

Freundschaft ist wieder aufgelebt. Befestigt wird sie durch die innige Neigung, mit der sich Weislingen zu Gottfrieds Schwester Marie hingezogen fühlt. Das zärtliche, sanfte Wesen, dem sein Unglück zu Herzen gegangen war und das ihm durch seine mitfühlende Güte die Schwere seiner Lage milderte, soll sein Herz zur Ruhe und Glückseligkeit leiten und ihm das Glück seines Lebens erfüllen. Es ist von tieferer Bedeutung, daß sich Weislingen gerade zu Marie gedrängt fühlt, die in ihrer Natur von der Stärke der Elisabeth ebenso sehr absteht, wie er selbst in seinem Wesenskern die heldische Kraft Gottfrieds eingebüßt hat. Vor dem Gefühl inniger Liebe zu Marie und der Aussicht auf ein reines Eheglück mit ihr verstummen alle ehrgeizigen Regungen, die sonst Weislingens Persönlichkeit in Spannung erhalten haben. Gottfried gibt voller Freude seine Einwilligung zur Verlobung; er sieht seine kühnsten Träume übertroffen und heißt, von Glück erfüllt, Weislingen wieder seinen Freund und Bruder. Nur Elisabeth scheint die Verlobung etwas übereilt; eine leise Zurückhaltung, ein vorsichtiges Bedenken klingt aus ihrem Glückwunsch.

Adelbert von Weislingen hat sich scheinbar wieder ganz eingefügt in den Kreis seiner Standesgenossen, der freien Reichsritter. **Die Ideale der Manneszeit erfüllen ihn von neuem.** Er fühlt sich heimgekehrt und geborgen. Bamberg will er nicht mehr sehen. Daß er jemals zu den Fürsten gestanden hatte, erscheint ihm jetzt als ein Abweg, von dem er sich glücklich zurückgefunden habe. Er will sich vom bischöflichen Hofe fernhalten, um diese Freundschaft nach und nach erkalten zu lassen. Er beabsichtigt, sich zunächst um seine Besitztümer, die in den Händen eigennütziger Pächter sind, zu kümmern; der verdammte Hof hatte ihn vernachlässigen lassen. Er besinnt sich eben auf die Pflichten des feudalen Herrn.

Die Kunde von Weislingens Gefangenschaft gelangt nach Bamberg. Von dort kehrt der mitgefangene Franz, der mit Auslieferungsbedingungen für die Freilassung Weislingens und des von den Bischöflichen gefangenen Buben Gottfrieds an den

Hof geschickt worden war, zurück mit der Gegenerklärung des Bischofs. **Franz** bringt seinem Herrn verlockende Kunde über das Ansehen, das dieser am ganzen Hofe und in dessen Umgebung genieße, vor allem über die lebhafte Besorgtheit, die der Bischof, dem er unentbehrlich sei, um seine baldige Rückkehr nach Bamberg hege. Diese schmeichelhafte Botschaft bleibt ohne Wirkung auf Weislingen; er erklärt Franz entschlossen, nicht mehr an den Hof zurückkehren zu wollen. Doch scheint Franz von der Festigkeit des Entschlusses seines Herrn durchaus nicht überzeugt, da er dessen Schwäche für die mannigfachen Reize höfischen Lebens kennt. In Worten voll Verzückung und Begeisterung zeichnet er in schwärmerischer Darstellung das Bild des neuen Schönheitssterns im Bamberger Hofkreis, der Adelheid von Walldorf. Auch dieser Versuchung gegenüber verhält sich Weislingen gleichgültig,[1]) denn seine Seele ist noch erfüllt von der Liebe zu Marie. Weislingen bleibt fest.

Nun erbietet sich am Hofe Liebetraut, der typische Vertreter der neuen Lebensauffassung und Lebensart, Adelbert von Weislingen zur Wiederkehr zu veranlassen. Liebetraut kennt alle Künste und Kniffe der modernen Zeit. Er kennt auch Weislingen und weiß, daß der Händedruck eines Fürsten und das Lächeln einer schönen Frau fester halten als Ketten und Riegel. **Dringlicher als durch Franz streckt die neue Zeit durch Liebetraut die Hand aus.** Liebetraut geht zu Weislingen und läßt seine verführerischen Künste spielen. Er redet zu ihm von Bamberg, erweckt gewisse alte Ideen, und als er seine Einbildungskraft beschäftigt hat, knüpft er eine Menge Fäden wieder an, die er zerrissen findet. Weislingen weiß nicht, wie ihm geschieht, er „fühlt sich einen neuen Zug nach Bamberg", er will ohne zu wollen. Am Schlusse wirft ihm

---

[1]) Freilich will die leise Vermutung aufkommen, daß sich Weislingen gewaltsam die Ohren verschließt vor der verlockenden Schilderung durch Franz (beachte die Fragen: wer ist's denn? und: ist ihr Mann bei Hofe?, nachdem er zuerst völlige Interesselosigkeit bekundet hat!).

Liebetraut noch ein Seil aus zwei mächtigen Stricken, Weibergunst und Schmeichelei, gedreht um den Hals; er erklärt ihm, Adelheid habe wegen ihrer Güter Verdrießlichkeiten und erwarte von ihm Hilfe, da er beim Kaiser so viel gelte.

Weislingen unterliegt den Verlockungen, die Kräfte der neuen Zeit sind die stärkeren. Er folgt Liebetraut nach Bamberg, freilich nicht, um dort zu bleiben, sondern nur um Abschied zu nehmen, wie er sich einredet.

Als er zum Schloßtor hineinreiten will, freudig begrüßt vom zusammengeströmten Volk, scheut sein Schimmel und will nicht durch das Tor. Erst durch Schmeicheln und Drohen bricht Weislingen den Eigensinn des Pferdes. In Weislingens Seele erwacht die Ahnung, daß die Gefahren, die seiner warten, in scheußlichen Gestalten ihm entgegeneilten und mit einem höllischen Grinsen ihm einen fürchterlichen Willkomm böten und sein edles Pferd zurückscheuchten. Das Tier mit seinem besser als beim Menschen ausgeprägten Ahnungsvermögen vermag diese Gestalten leibhaftig vor sich zu sehen. Es ist, als ob hier die über das Einzelschicksal hinausgreifende Macht mit einem bedeutungsvollen Wink auf die kommenden Ereignisse deute. **Weislingens Bahn scheint vom Geist der Geschichte vorgezeichnet; seine eigene Willkür und Freiheit sind ausgeschaltet.**

Allen Versuchen des Bischofs, ihn in Bamberg festzuhalten, gegenüber beharrt Weislingen bei der Erklärung, nur zum Abschiednehmen gekommen zu sein. Er beteuert, das Gottfried von Berlichingen gegebene Wort unter allen Umständen halten zu müssen. Aber doch schimmert etwas wie ein Bedauern über das, was auf Jarthausen vorgefallen ist, durch seine Worte, denn er hat — Adelheid von Walldorf gesehen, und die verführerischen Reize des dämonischen Weibes haben bereits auf ihn zu wirken begonnen. **Unwiderstehlich drängt in ihm wieder ein Zug zur neuen Zeit.** Stärker als sein subjektiver Wille ist der objektive Zwang seiner Natur. Weislingen ist unsicher geworden. Er kann nicht um=

hin, dem Bischof die Möglichkeit eines Wiedersehens anzudeuten. Die zwingende Macht des dämonischen Weibes beginnt die Wirkung der Persönlichkeit Gottfrieds aufzuheben. Innerlich hat er Gottfried bereits die Treue gebrochen. Er empfindet die Bindung an ihn jetzt nur noch als äußeren Zwang, als Gebot seiner Ritterpflicht. Weislingen verliert den inneren Halt und sieht keinen Ausweg aus seinem Zwiespalt.

In dieser seelischen Verfassung kommt er zu Adelheid, um auch von ihr Abschied zu nehmen. **In seiner Seele ringen jetzt Gottfried und Adelheid, die Kräfte der alten und die der neuen Zeit, um die Oberhand.** Noch einmal tritt Gottfrieds ganze Größe vor sein Bewußtsein, wenn er hört, wie Adelheid den Berlichingen herabzuziehen und zu verunglimpfen sucht. Aber auf der andern Seite hält Adelheid sein Wollen und Fühlen so gefesselt, daß er sich nicht mehr aufraffen kann, seinen Entschluß, Bamberg noch diese Nacht zu verlassen, auszuführen. Auch Adelheid erinnert er an seine Ritterpflicht und den heiligen Handschlag, die ihn entgegen seinem eigenen Wunsche fortzwängen. Aber Adelheid verlacht ihn ob seiner Gewissenhaftigkeit, nennt Ritterpflicht ein Kinderspiel und versucht, den Treueid als erzwungen und deshalb nicht bindend hinzustellen, da der, dem er geleistet wurde, ein Rebell und Feind des Reiches sei. Schließlich berührt sie die empfindlichste Seite seines Wesens, indem sie seinen Ehrgeiz aufzustacheln versucht. Der Kampf in seiner Seele verschärft sich, mehr und mehr verliert Weislingen die Gewalt über sich selbst. Am Ende greift Adelheid noch zu dem Mittel geheuchelter Ungunst, die ein brennendes Verlangen in Adelbert wachruft. Sie erreicht, was sie will, Weislingen bleibt. Die dämonische Gewalt des starken Weibes entfesselt die unedlen Gefühle der Sinnlichkeit und der Ehrfurcht, die als Elemente der neuen Zeit in Weislingens Seele bereits lebendig sind. **Weislingens entkräftete Männlichkeit erliegt den Lockungen des Greisenalters.**

Die Freundschaft mit Gottfried ist wiederum verraten, die Treue zu Marie gebrochen; ein doppeltes Band der Treue, an dem selbst die scharfe Sense des Todes hätte stumpf werden sollen, ist zerrissen. Die neue Zeit, die entsprechend ihrer anders gearteten Anschauung keinerlei Achtung vor Ritterwort und Ritterpflicht kennt, hat Weislingen betört und läßt ihn ohne Widerstand eine Bindung zerreißen, die in der Manneszeit als heiligstes Gebot galt. Dieser Wortbruch ist wie der Gottfrieds das Glied einer **kausalen Entwicklung**. Der freie Willensentscheid ist in beiden Fällen ausgeschaltet. Der objektive Zug der Geschichte drängt beide Gestalten in der Richtung auf das Greisenalter ab. In lähmender Hörigkeit den Einflüssen eines Weibes unterworfen, hat Weislingen den Schritt getan. Er muß tun, was sie will. Der Dämon im Weibe löst den Zauber, in den des Mannes Gottfried Größe ihn gezogen hatte, aber nicht um ihn frei zu machen, sondern um ihn in den eigenen Bann zu schlagen. **Der unaufhaltsame Zug der Zeit drängt den Zwiespältigen an der Zeitenwende unwiderstehlich auf die Seite der Träger des neuen Lebensprinzips.**

Dabei ist es Weislingen unheimlich, wohin er tritt, und es ist ihm so bang, als wenn er, von seinem Schutzgeist verlassen, feindseligen Mächten überliefert wäre. Untätig lebt er eine Zeitlang am Bamberger Hofe neben Adelheid her; er findet nicht die Kraft, etwas zu unternehmen. Der Gedanke an den Treubruch lastet auf seinem Gewissen und lähmt seinen Willen. **Die sittlichen Kräfte des Alten sind noch nicht völlig ertötet,** sondern werden als Qualen des Gewissens wach. Gleichwie Gottfried nach seinem Wortbruch in sich verglüht, so kann sich auch Weislingen aus dem Zustand inneren Gelähmtseins zu keiner befreienden Tat aufraffen. Aus dem aktiven Manne, der vordem die Geschäfte eines Fürstentums belebte, ist Weislingen zu einem jammernden, kranken Poeten geworden, ist nun „melancholisch wie ein gesundes Mädchen und müßiger als ein alter Junggeselle". Wohl arbeitet und bläht es in ihm, aber er bringt es zu keiner befreienden Tat.

Der Mißmut und die Tatenlosigkeit, in denen Weislingen dahinlebt, enttäuschen die Erwartungen, die Adelheid auf seine unternehmungslustige Wirksamkeit am Hofe gesetzt hatte. Ihr, dem Typus der neuen Zeit, kann Weislingens geteilte Männlichkeit, der noch zu viel des Alten anhaftet, nicht genügen. Sie wird seines Umgangs müde und gibt ihm zu verstehen, daß sie ihre Gunst einem andern Weislingen geschenkt habe, der ihrem Wunschbild eines Mannes mehr entspräche. Weislingen versucht sich von ihr loszureißen. Doch mit allen Mitteln arbeitet Adelheid gegen seine Absicht. Mit berechneter Zärtlichkeit versucht es die Zauberin, vor allem aber weiß sie von neuem seinen Ehrgeiz, dieses unedle Gefühl der neuen Zeit, gewaltig anzustacheln. Sie hat erkannt, daß ihn Gottfrieds Übergewicht niederhält, daß durch ihn sein Wollen gelähmt und sein Selbstgefühl gefesselt sei. Er braucht nur wollen, um befreit zu sein; der elendeste Zustand sei, nichts wollen zu können. Adelheid ist entschieden bestrebt, die Wirkung der alten Zeit auszuschalten. „Gottfrieds Dasein" — hämmert sie ihm ein — „ist ein Monument deiner Schwäche; auf, zerstöre es, da es noch Zeit ist!"

Diese Worte verfehlen ihre Wirkung nicht. Wenn Adelheid bis jetzt Adelberts Willen, zu Gottfried zurückzukehren, gelähmt hat, so daß er, wenn auch unfähig zum Handeln, wieder auf der Seite der Gegner Gottfrieds steht, nun ist er so besessen von dem Dämon des Weibes, daß ihr Wille zu dem seinigen wird, daß der Lebensimpuls in ihr seine Tatenlust entzündet. Jetzt fällt es, wie er glaubt, wie Fesseln von seiner Seele. Er fühlt sich jäh aufgepeitscht, ein fanatischer Wille lodert in ihm auf, das Größte ist ihm jetzt gerade recht, dem Schwersten fühlt er sich gewachsen. „Du sollst sehen, Adelheid, ob ich nicht mehr bin als der Schatten eines Mannes. Ich will ein Mann sein. Wehe dir, Gottfried, wenn das Glück meiner Adelheid Nebenbuhlerin ist." Nun glüht in seinen Augen ein Feuer, Adelheid dünkt er ein auferstandener, verklärter Heiliger. Er ist nun scheinbar wieder ganz in der Atmosphäre der neuen Zeit aufgegangen, in Wirklichkeit ist der Untergrund seines Wesens nur verdeckt, denn die Wirkungsmöglichkeit des Alten ist auch für die Zukunft noch nicht ausgeschaltet. Wie in einem Siegestaumel treten Weislingen und Adelheid vor den Bischof. Ungestümer Tatendrang spannt jetzt Adelberts Brust. Nur für einen Augenblick, als er durch das plötzliche Erscheinen Georgs an Gottfried gemahnt wird, ist er bestürzt; doch rasch ist diese Schwäche überwunden. Kurzerhand läßt er nach Jaxthausen melden, Gottfried habe ihn übereilt, er sei ihm keine Pflicht schuldig, er wolle nichts mit ihm zu tun haben.

Weislingen lebt wieder am Bamberger Hofe als Parteigänger und Stütze der fürstlichen, reichsritter= feindlichen Politik. Er sinnt auf Mittel und Wege, Gottfried zu vernichten. Darum geht er auf den Reichstag nach Augsburg und hetzt beim Kaiser gegen seine früheren Standesgenossen; Sickingen, Selbiz und Berlichingen, diese flammenden Brände, müssen aus dem Wege geschafft werden. Nicht genug sei es, ihre Person auf die Seite zu bringen, — es sei der Geist zu vertilgen. Seinem Standesideal ist er jetzt völlig ferngerückt. **Mehr denn je ist er der politischen Denkart der neuen Zeit verfallen. Er ist auf den Boden der neuen Rechtsordnung getreten und leistet sein Teil an der geschichtlichen Überwindung des feudalen Rittertums.**

Weislingen überredet den Kaiser, zwei Reichs= exekutionen, eine von vierhundert Mann gegen Gott= fried, der durch den Überfall auf die Nürnberger Kaufleute den Landfrieden gebrochen habe, und eine von zweihundert Mann gegen die gewaltsamen Be= sitzer der Güter Adelheids, zu verordnen. Er selbst stellt sich an die Spitze der zweiten Unternehmung, denn die innere Scheu, seinem Jugendfreunde ins An= gesicht zu sehen, macht es ihm unmöglich, in eigener Person gegen ihn zu Felde zu ziehen. **Die innere Bindung an das Alte macht sich bemerk= bar.** Es tritt zutage, daß die Trennung von Gott= fried nicht so sehr aus eigenem Entschlusse als viel= mehr unter dem Zwange von Adelheids Persönlichkeit möglich war. Die fieberhafte Tätigkeit, die er gegen Gottfried entfaltet, ist nicht ein Ausfluß eigener Kraft, sondern blindes Wirken des von der dämonischen Gewalt des Weibes Beherrschten. Die Unternehmung gegen Gottfried gelingt, ohne indes die von Weislingen gehegte Erwartung gänzlich zu erfüllen. Er ist wie vom Schlage gerührt, beißt die Zähne zusammen und stampft mit den Füßen, als er hört, daß der Kaiser die von ihm erwirkte Achterklärung nicht vollzogen habe. Vergebens eifert er mit den übrigen Regimentsräten gegen den Entschluß des Kaisers. Er muß zusehen, wie der Kaiser auch für Sickingen eintritt, den Weislingen gleichfalls haßt, dessen zunehmendes Ansehen ihn mit Unruhe erfüllt und gegen den er mit den Fürsten gezogen war.

Adelheid und Weislingen haben sich inzwischen verheiratet und beschäftigen sich gemeinschaftlich mit hochfliegenden politischen Plänen. Weislingen begibt sich an den kaiserlichen Hof, während Adelheid auf ihrem Schlosse bleibt. Der Kaiser ist gefährlich erkrankt, man erwartet seinen Tod. Nun hat Weislingen alle Hände voll zu tun. **So weit ist er von dem Geiste seiner Väter abgewichen und der neuen Zeit verfallen, daß er sogar an hervorragender Stelle mit seiner Person die Geschäfte dieser Zeit betreibt und fördert.** Adelbert sendet Franz zu seiner Gemahlin, damit dieser sie zu ihm geleite, da er ihres Rates und Beistands bedürfe. Er besitzt nicht die Kraft, aus eigenem Willensentschluß zu handeln, sondern zeigt sich auch hier wieder von Adelheid abhängig. Auf dem Wege nach Augsburg gerät Adelheid unter die Zigeuner und trifft mit Sickingen zusammen, zwei Begegnungen, die von wichtiger und entscheidender Bedeutung für die weiteren Geschicke Weislingens werden.

Mit dem Tode des Kaisers drohen große Veränderungen herein. Gottfried von Berlichingen wird mit den Rädelsführern der aufrührerischen Bauern gefangen genommen. Weislingen wird vom Bunde ersucht, die Stelle des ersten Kommissarius im Rechtsverfahren gegen Gottfried und die andern Bauern=

führer zu übernehmen. Nun ist ihm Gottfried in die Hände gespielt. Die neue Zeit gewinnt in entscheidender Weise die Oberhand über die alte. Weislingens ehrgeizigster Plan ist der Erfüllung nahe, denn als oberster Gerichtsherr hat er jegliche Vollmacht. Gerade dieser entscheidende Umstand aber bringt ihn in die schwerste seelische Bedrängnis. Jetzt, wo er, im Besitz aller äußeren Machtmittel, über Leben und Tod seines gewaltigen Gegners verfügt, offenbart sich die ganze Schwäche, die ganze erbärmliche Gesinnung eines Elenden, der weder zum Bösen noch zum Guten einige Kraft hat. Er ist zu feige, die Verantwortung für ein Urteil gegen Gottfried auf sich zu nehmen. Er hat nicht das Herz, seinen Jugendgespielen zu verurteilen; eher wollte er den reichlich belohnen, der ihm die Nachricht von Gottfrieds Tode brächte.

Doch er gibt dem Drängen der Fürsten nach und übernimmt die Stelle des ersten Kommissarius. Mit unerhörten Exekutionen gegen die Aufrührer macht man den Anfang. Schließlich rafft sich Weislingen auf, Gottfrieds Todesurteil zu unterschreiben. Er tut es, weil es Adelheid will. Er hat das höllische Feuer in der Seele seines Weibes erkannt, vermag aber nicht, sich gegen ihren Einfluß zu stemmen. Er erkennt deutlich, daß es ein übermenschlicher Genius ist, der in Adelheid am Werke ist. Zu viel schon hat über ihn der Dämon des Weibes Gewalt bekommen, als daß er sich noch aus seinem Bann befreien könnte. Nur hinausschreien wie ein Verzweifelnder, mit dem Aufgebot aller Kräfte ihr ins Gesicht schleudern kann er seine Erkenntnis — um dann zu tun, was ihr Wille von ihm fordert. Immer stärker werden die Bande, die Weislingen auf die Seite des neuen Lebensprinzips ziehen, und dennoch bringt er selbst nicht die Kraft auf, sich endgültig vom Alten freizumachen. Die dämonische Macht des Weibes ist berufen, Weislingen im Sinne der zwangsläufigen Bewegung der geschichtlichen Entwicklung vom

Mannesalter zum Greisenalter hinüberzuziehen.

Vor Adelheids Seele ist längst schon das klare Bild des vom Geiste der Schwäche völlig zersetzten Wesens ihres Gatten getreten. Seine Feigheit und Unmännlichkeit haben ihn ihr entfremdet. Sie fühlt ihn nur noch als ein Hemmnis auf dem Wege zur Erfüllung ihres eigenen Wunsches. Hinter Weislingens Rücken hat sie bereits Sickingen an sich gezogen. Weislingen muß aus der Welt, damit dem Glück ihrer Vereinigung mit Sickingen nichts mehr im Wege stehe. Seine Worte der Empörung gegen sie beschleunigen nur den Entschluß, den sie schon in der Seele getragen hat. Um aus seinen Umarmungen errettet zu werden, gibt sie ihm Gift.

Bald zeigen sich an Weislingen die schrecklichen Wirkungen des Giftes. Die furchtbarsten Qualen befallen seinen Körper. Marternde Schlaflosigkeit wird nur von halbem Schlummer mit giftigen Träumen, die ihm den Abgrund seiner Seele auftun, abgelöst. Immer von neuem ist es der schändliche Verrat an seinem Jugendfreund, der sein Gewissen foltert. **Wieder lebt die Wirkung der Manneszeit in ihm auf;** durch die Qualen wird in seiner Seele das Alte frei, dessen Lebenskraft noch immer nicht erstorben ist. Vor Gottfrieds Traumgestalt zittert und bebt Weislingen. Im Traume begegnet ihm im Walde Gottfried. Jetzt, wo sich Gottfrieds ritterliche Größe nicht mehr in der Wirklichkeit mahnend vor ihm aufreckt, tritt ihm die edle Gestalt des Jugendfreundes als Traumgesicht mit marternder Deutlichkeit vor die geistigen Augen. Gottfried zieht sein Schwert und fordert ihn heraus. Weislingen hat nicht das Herz, nach seinem zu greifen, hat auch nicht die Kraft. Da stößt Gottfried das Schwert in die Scheide, sieht ihn verächtlich an und geht vorbei.

Nun ergreift Weislingen zutiefst das Bewußtsein seiner Schuld, um ihn nicht mehr loszulassen. Er begreift sie nicht, wohl aber drängt sich ihm — gleich Gottfried — am Ende seines Lebens die Erkenntnis auf, daß die Menschen sich nicht selbst führen, sondern daß bösen Geistern Macht gelassen ist über sie, damit sie ihren höllischen Mutwillen am menschlichen Verderben üben. Bis in die innersten Tiefen ist Weislingens Seele von feindseligen Mächten besessen.

So wird auch an Weislingens Schicksal und endlichem Untergang die Idee geschichtlicher Entwicklung kund. **Das Individuum als Träger des natürlichen Fortgangs der Geschichte ist in seinem Handeln nicht frei, sondern einer über das Einzelschicksal hinausgreifenden allbestimmenden und -bewegenden Macht anheimgegeben.** Weislingen fühlt sich viel mehr bejammernswert als hassenswürdig in seiner Seelennot und kann sich doch nicht befreien von der furchtbaren Qual des anklagenden Gewissens.

Mitten in seinen Todesqualen erscheint Marie, um die Begnadigung ihres Bruders von ihm zu erflehen. Er erschrickt und hält sie erst für ein Traumgesicht, das käme, um ihn zu quälen für das, was er ihr angetan habe. Zu einem letzten Impuls spannt Weislingen seine schwindenden Kräfte. Er zerreißt Gottfrieds Todesurteil und weiß doch, daß er nicht mehr retten kann, was er ins Verderben gestürzt hat. Aus dem Munde des Kammerfräuleins erfährt er die Ursache seines furchtbaren Leidens: Adelheid habe ihn vergiftet, um von ihm befreit zu sein für ihren Bund mit Sickingen, und Franz teile sein Schicksal. Von seiner Dienerschaft bestohlen und verlassen, unter den Augen von Gottfrieds Schwester stirbt Adelbert von Weislingen. In dem fürchterlichen Streit des Lebens und Todes zerrissen, schmeckt er die Qualen der Hölle alle vor.

§ 19. Franz von Sickingen.

Auch Sickingen gehört zur Gruppe der Gestalten der Dichtung, bei denen sich der Übergang vom Mannesalter zur Greisenzeit des deutschen Volkes in der Zwiespältigkeit ihrer Naturen darstellt. Diese Rittergestalt ist besonders bemerkenswert dadurch, daß an ihr offenbar wird, wie der schwächende und unedle Geist der neuen Zeit selbst die mannhaften Vertreter des Rittertums, die zum Unterschied von

Weislingen die Ideale der Manneszeit noch ver=
fechten, anfällt.

Franz von Sickingen ist reichsunmittelbarer Ritter
wie Gottfried von Berlichingen und Adelbert von
Weislingen. Eindrucksvoll schon in seiner äußeren
Erscheinung, verkörpert er durch seine Kraft und
Heldenhaftigkeit, durch seine selbstbewußte und zur
Achtung nötigende überragende Persönlichkeit in her=
vorragender Weise die Reichsritterschaft. Das edle
Gefühl der Treue und ausgeprägtes Rechtsempfinden
erfüllen ihn gleich Gottfried, mit dem er seit langem
eng verbunden ist. Mit seinem gewaltigen Standes=
genossen teilt Sickingen auch die politische Einstellung.
Wie Berlichingen vertritt auch er das feu=
dale Ideal des echten Rittertums. Der in Sickin=
gen lebendige Befehdungstrieb, sein zähes Festhalten
am althergebrachten Fehderecht und an der Befugnis
zur Selbsthilfe bringen auch ihn in einen schroffen
Gegensatz zu den Fürsten, seinen natürlichen Feinden,
die ihn ihrerseits mit Gottfried, dem Rebellen und
Unruhstifter, in einem Atem nennen. Tatbereit tritt
Sickingen für seine Standesgenossen ein. Als Gott=
fried durch den unheilvollen Ausgang der Reichs=
exekution in schwere Bedrängnis gerät, da ist es
Sickingen ein selbstverständliches Gebot, seinem Ge=
nossen nach bestem Vermögen zu Hilfe zu kommen.
Sickingen wird vom Kaiser, der viel Verständnis für
die tapferen und edeln Reichsritter bezeigt, besonders
geliebt, und er ist bestrebt, diese Geltung beim
Reichsoberhaupt für Gottfried zu nützen.

Diese Züge männlicher Kraft und edler Gesin=
nung und seine Einstellung auf das feudale Ideal sind
angetan, Sickingen durchaus als Vertreter des starken
und edlen Mannesalters erscheinen zu lassen. Die an=
gedeuteten Elemente jedoch füllen Sickingens Wesen=
heit nicht aus. Das Bild seiner Persönlichkeit ver=
vollständigen eine Reihe von Wesenszügen, die dem
Mannesalter nicht eigentümlich sind, sondern aus
dem Greisenalter in die Formung dieser Ritter=
gestalt bestimmend eingreifen.

Da ist es vor allem der eine Zug, der Sickingen in
verhängnisvoller Weise mit Weislingen verwandt

zeigt: sein stark ausgeprägter, ihn geradezu beherrschender selbstsüchtiger Ehrgeiz. Sickingens Seele fliegt hoch; dieser Ritter trägt sich zum Unterschied von seinen Standesgenossen mit großen Anschlägen. Er beabsichtigt nichts Geringeres, als Trier und die Pfalz zu überfallen, seine Eigenmacht bedeutend zu erweitern und selbst Kurfürst zu werden: ein bemerkenswerter Zug, der dartut, daß mit diesem vorwaltenden unedlen Gefühl des Ehrgeizes, das bei Gottfried völlig fehlt, sein Träger über das politische Ziel der Reichsritterschaft hinausstrebt. Der Geist des absolutistischen Machtstrebens der Reichsfürsten, der Vertreter der Greisenzeit, läßt Sickingen nicht unberührt.

Auch sonst ergriff der Geist der neuen Zeit den starken und edlen Kern seiner Persönlichkeit. Sickingen ist jähzornig und unedle Leidenschaft stachelt ihn zur Unbändigkeit. Hochmütiger Stolz wohnt in seiner Seele. Gottfrieds edle Selbstlosigkeit und dessen Großmut sind Sickingen fremd. In eigennütziger Weise ist er bei seinen Unternehmungen auf seinen Vorteil bedacht. Um seine selbstischen Ziele zu erreichen, geht er mit Schlauheit und berechnender Vorsicht zu Werke. In diesen Zügen gleicht er entschieden den Reichsfürsten; Sickingen gehört auch mit dieser Seite seiner Wesenheit ins Greisenalter.

Dieses Ritters Neigung zur Frau ist nicht das edle Gefühl einer reinen, innigen Liebe. Was ihn zum Bund mit Gottfrieds Schwester Marie bewegt, sind politische Erwägungen: er hofft, sich dadurch Gottfrieds Unterstützung bei seinem Streben nach der Kurfürstenwürde zu sichern. Der Mangel einer tiefergehenden Gefühlsbindung erklärt seine Untreue gegen die Gattin. Der verderbliche Keim unedler Sinnlichkeit ist auch in Sickingens Natur gelegt. Die Reize einer schönen Frau bringen ihn in leidenschaftlich-brennende Aufwallung, in der er vor einer Schuld nicht zurückscheut.

In entscheidenden Äußerungen ergreift der Geist der Greisenzeit diesen Reichsritter. Er senkt in ihn die Ehrsucht, die Selbstsucht, die zügellose Sinnlichkeit. Und wie nun gar in der dämonischen Adelheid der beherrschende Typus der neuen Zeit in seinen Weg tritt, da gerät Sickingen so unter den Bann dieses Weibes, daß er, der in seiner Wesensveranlagung schon dem Einfluß des Greisenalters aufgeschlossen, in seiner Lebensführung aber noch immer der treue Gefährte seines großen Standesgenossen geblieben ist, **dem Geist des Greisenalters völlig anheimfällt.** Sickingen wird treulos, bricht die Ehe und löst sich gänzlich aus dem Kreis derer, die noch die Ideale des Mannesalters verfechten. Nach dem Tode des Kaisers fällt er in die Pfalz ein.

§ 20. Marie.

Gottfrieds Schwester Marie paßt weder völlig in den Rahmen des Mannesalters noch in den des Greisenalters hinein, wohl aber hat beider Zeiten Geist Anteil an ihrer Gestaltung. Sie gehört als Weib zur Gruppe der Übergangsgestalten, wie auch die andern Entwicklungsalter je ihre weibliche Figur neben den männlichen aufweisen. In das Mannesalter gehört Marie durch ihre Herkunft aus dem reichsunmittelbaren Geschlecht der Berlichingen. Im besonderen bindet sie ihre große Liebe zu ihrem Bruder Gottfried an diese Zeit, aus deren naturhaft-starkem Gefühlsgrund Marie nur diese eine tiefgehende Regung bewahrt hat. Aus dem Geiste der Zeit ihrer Vorfahren hat sie auch den edlen Drang erhalten, ihr Leben sittlicher Verantwortung unterzuordnen. Der niederziehende, entartende Zug der neuen Zeit aber wird an ihrer Natur offenbar in dem völligen Mangel an Kraft und Bestimmtheit: Marie ist ein schwaches und schwankendes Weib.

In weitgehendem Maße gleicht Marie Weislingen; wie er steht sie ohne inneren Halt zwischen den beiden einander entgegengesetzten Zeitaltern der deutschen Geschichte. Auch Marie ist ohne Schwerpunkt in sich. Während aber Weislingen durch seinen unheilvollen Ehrgeiz, dieses in ihm vorwaltende unedle Gefühl des Greisenalters, im Leben hin- und hergerissen wird, wird Marie durch ihren Hang zu **beschau-**

licher, schwächlicher Frömmigkeit — ihr Anteil am Greisenalter — ganz vom tätigen Leben abgedrängt. Wo sie zuerst noch am Leben hängt, da macht ihr das Greisenalter alles zunichte: ihr Bruder Gottfried, den sie am meisten liebt im Leben, muß der neuen Zeit erliegen. Der kleine Karl, den sie zu dem ihr als Ideal vorschwebenden „frommen Ritter" erziehen will, ist so vom greisenhaften Geist erfaßt, daß er nicht ins tätige Leben paßt, sondern ins Kloster gedrängt wird. Und endlich die beiden Männer, an deren Leben sie das ihre binden will, Weislingen und Sickingen, werden von Adelheid, dem überragenden Typus des Greisenalters, von ihr weggezogen. So verstreicht Maries Leben ohne bestimmte Zielrichtung, ohne kraftvolles Handeln.

S ch w ä ch e ist der Grundzug in Maries Wesen. Im Gegensatz zu Elisabeth, deren gefühlsstarke, dem tätigen Leben zugekehrte Natur dauernd von Tatendrang und Kraft gespannt ist, werden in Marie alle stärkeren Regungen durch den niederziehenden Geist der Schwäche entweder gehemmt oder gar völlig erstickt. In Maries Seele wirkt kein naturhaftstarkes Gefühl außer dem ihrer innigen Liebe zum Bruder. Nur Regungen empfindsamer Art bewegen sie sonst, Mitleid und zu steter Versöhnung neigende Güte.

Dieser Hang ihrer Natur zu Zartheit und Sanftmut wird noch genährt durch die Erziehung im Kloster. Dort weilt sie bis zum sechzehnten Lebensjahr und gerät völlig unter den Einfluß der A b t i s s i n. In dieser Klosterfrau regt sich merklich der greisenhafte Geist der neuen Zeit. Eine Liebesenttäuschung im Leben hatte sie bestimmt, sich von der Welt hinter die Klostermauern zu flüchten. Von Natur aus ohne Veranlagung zu starkem und gesundem Gefühlsleben, gerät die Abtissin immer mehr in schwächliche Empfindsamkeit. Geflissentlich ist sie bestrebt, jede natürlich-sinnliche Regung abzutöten. In einseitiger Weise versucht sie mit ihrem wachen Verstande sich begrifflich über die Beziehung zwischen Mann und Weib klar zu werden. Gemäß dem Zuge der neuen Zeit siegt der Intellekt über das natürlich-unmittelbare Erlebnis.

Die Abtissin kommt schließlich zur strengen Verurteilung naturhaft=sinnlicher Liebe. Sie wird prüde und sinnt sich ein weltfremdes, empfindsam=überspanntes Liebesideal aus.

Sie macht es sich zur Aufgabe, diesen Geist unsinnlicher Liebe und der Prüderie auch in ihre Zöglinge zu pflanzen. Sie warnt diese vor der leidenschaftlichen Aufwallung eines Männerherzens als vor etwas Gefährlichem und preist dagegen in empfindsam=überschwenglicher Weise ihr Liebesideal, die Blume, die man nicht brechen soll.

In Maries weicher, bildsamer Seele finden diese Lehren guten Boden. Ihr von Natur aus nicht stark entwickeltes Gefühlsvermögen wird durch den Einfluß der Abtissin vollends erstickt. Ihre natürlichen Liebesregungen werden für die Zeit ihres Lebens abgestumpft, verdorben. Marie wird prüde. Als sie sich mit Weislingen verlobt, da vermeint sie den Mann zu lieben. Ein wie wenig starkes und echtes Gefühl sie jedoch zu Weislingen zieht, wird aus dem Liebesgespräch zwischen den beiden offenbar. Sobald ihr Verlobter sie bei seinen liebevollen Worten zärtlich berühren will, macht sich Marie ängstlich und erschreckt frei und läßt über den im Gefühle seligen eine sehr nüchterne, begrifflich=kühle Rede über die Sinnlichkeit der Männer, ganz im Sinne der Lehren der Abtissin, niederregnen. Der lebensvolle Zug großer, gütiger Frauenliebe, dieses naturhaft=starken Gefühls einer Elisabeth, fehlt ihr ebenso, wie sie von Adelheid durch die Unfähigkeit zu natürlich=leidenschaftlicher Aufwallung getrennt ist. Es zeigt sich auch hier, wie sie kraftlos zwischen Mannes= und Greisenalter steht. Mitleid mit dem Los des durch die Gefangennahme geknickten Weislingen und die ahnungsvolle Erkenntnis seiner der ihrigen gleichgearteten Wesenheit zieht sie zu diesem Manne. Wäre ihre Liebe ein starkes Gefühl, so würde sie nicht, nachdem Weislingen sie im Stiche gelassen hat, so rasch, mitten aus ihrer Trauer heraus, dem werbenden Sickingen das Jawort geben können. Auch an diesen Mann bindet sie nicht das starke Gefühl einer innigen Liebe.

Je schwächer ihr Gefühlsleben ist, um so mehr steht ihre verstandliche Veranlagung im Vordergrund. Dieser Wesenszug deutet auf die Einwirkung der neuen Zeit. Marie hat die derb-sinnliche, durch Erfahrung und Anschauung genährte Vorstellungsweise des Mannesalters eingebüßt und unterliegt dem notwendigen Zug nach dem Greisenalter hin, wenn sie sich mehr und mehr in die buchgelehrte, begrifflich-abstrakte Verstandestätigkeit vertieft. Durchaus im Sinne des neuen Bildungsideals, im Gegensatz zur Erfahrungspädagogik des Mannesalters, erzieht sie den ihr anvertrauten Sohn Gottfrieds, Karl. Unbekümmert um inneres Verständnis und anschauliche Durchdringung des gelehrten Stoffes bepackt Marie den Jungen mit einer Fülle von Buchwissen, das dieser ebenso mechanisch, wie er es memoriert hat, herunterleiert. Es ist bedeutungsvoll zu sehen, wie Gottfrieds leiblicher Sohn gerade unter dem Einfluß seiner Schwester in entscheidender Weise in den Geist des Greisenalters hineingewiesen wird.

Marie, deren Persönlichkeit nicht wurzelstark in einem einheitlich bestimmten Lebensgrund verankert ist, vermag nicht, wie es bei Elisabeth, dem Geschöpf des Mannesalters, naturgegeben ist, festen Halt im Leben zu gewinnen. Von der tatkräftigen und entschlossenen Wirksamkeit in dieser Welt wird sie abgedrängt. Sie sucht in Gott den Ruhepunkt, den ihr die mangelnde Kraft in sich selbst versagt. Nicht wie Gottfried und Elisabeth aber zieht sie Gott in ihr Leben herein, so daß ihre Taten in dieser Welt Gottesdienst würden. Sie nimmt vielmehr ihre Zuflucht zu beschaulichen Gebets- und Andachtsübungen. Bejahung des diesseitigen Lebens und gottgefälliges Dasein bedeuten für Marie einen Gegensatz. Während Elisabeth sinnlich-heiter dem Diesseits und seinem unmittelbaren Genuß zugekehrt ist, erscheint Marie alles Irdische und Natürliche sündhaft, durch die Erbsünde verderbt. Ihr Gemüt erfüllt eine Frömmigkeit, in der sie sich gläubig Gottes verzeihender Barmherzigkeit ausliefert. Ängstlich befolgt sie die Gebote Gottes und erfüllt gewissenhaft die Pflichten, die die Kirche vorschreibt. Möglichst viele kirchlich verordnete gute

Werke der Barmherzigkeit und Wohltätigkeit um ihrer selbst willen zu tun, das erscheint ihr als Lebensaufgabe und Daseinszweck.

Die so geartete **frommsinnige Lebenseinstellung** wird zum bestimmenden Wesenszug dieser Frauengestalt. Das Wunschbild ihrer Frömmigkeit in Karl erfüllt zu sehen, schwebt ihr vor, wenn sie die Erziehung des Sohnes ihres Bruders leitet. Es beseelt Marie der Gedanke, den kleinen Karl zum „frommen Ritter" zu erziehen. Er soll Ritter werden wie seine Vorfahren auf der einen Seite, andererseits aber ist Marie bestrebt, den Geist rauher und starker Lebensführung und den Hang zur Streithaftigkeit von ihm fernzuhalten. Wenngleich sie im Innersten gefühlsmäßig durchdrungen ist von der Achtung vor ihrem reckenhaften und edelsinnigen Bruder, so verurteilt sie doch aus dem Geiste ihrer schwachen Wesenheit heraus den Hang zur tatentschlossenen Selbsthilfe und verurteilt das Festhalten am Fehderecht, das ihr Idealbild des frommen Ritters trüben würde. Im Fehdetrieb wittert ihr ängstliches Gewissen stets neue Gefahren und eine Quelle immer neuer Übel.

Marie rückt dem politischen Ideal des starken Rittertums fern, wenn sie gerade diese beiden Tragpfeiler, Selbsthilfe und Fehderecht, auf denen die stolze Rittergröße des Mannesalters ruht, gestürzt sehen möchte. In diesem Punkte hat sie der Zug des Greisenalters in entscheidender und wesenumbildender Weise erfaßt. Ihre Idealgestalt des „frommen Ritters", der, soweit er Ritter ist, mit dem einen Fuß noch auf dem Boden des Mannesalters steht, aber als Mann, der beseelt ist von Mariens Geist schwächlicher Frömmigkeit, mit dem andern Fuß auf den Grund des Greisenalters tritt, ist ein Sinnbild für Mariens eigene Wesensart, für ihre Mittelstellung zwischen Mannes- und Greisenalter.

§ 21. Bruder Martin.

In der Natur dieses Klosterbruders klafft eine tiefe Kluft zwischen Ideal und Wirklichkeit. Sein

Lebensideal stimmt genau mit dem des von ihm verehrten Gottfried und damit mit dem des Mannesalters überein. Indes sein wirkliches Leben wird in eine diesem Wunschbild geradezu entgegengesetzte Bahn gelenkt durch den in ihm waltenden **Geist der Schwäche**, der ihn in die Richtung zum Greisenalter drängt.

Bruder Martin ist eine religiöse Natur. Er ist Mönch geworden in der Begier, Gott näher zu sein. Im Kloster kommt ihm aber bald das Bewußtsein, daß seine Wünsche und Hoffnungen hier nicht zur Ruhe kommen würden. Er fühlt, daß er nicht von der Welt loskommt. Das Kloster wird ihm zum Kerker, die Bindung an die Gelübde wird ihm zur Qual. Diese würde er ohne Bedenken brechen, um frei seinem nun klar erkannten Ideale nachzustreben, wenn er nicht fühlte, daß ihm die Kraft fehlt, um, wie er möchte, freier Mensch zu sein. So schleppt er mühsam seine Ketten weiter und verquält sein Leben in der schmerzlichen Sehnsucht nach dem unerreichbaren Ideal.

Bruder Martin trifft mit Gottfried von Berlichingen zusammen, dem Manne, den er als die Verkörperung seines Wunschbildes eines Ritters und Menschen schon seit langem im stillen verehrt. Diese Begegnung läßt offenbar werden, wieviel ihn mit diesem hervorragenden Helden der Manneszeit verbindet, und was ihn von ihm trennt.

Martins Frömmigkeitsideal gleicht ganz dem Gottfrieds und Elisabeths. Nicht die Welt meiden, sondern das tätige Leben mit Gottes Geist erfüllen, scheint ihm die würdigste Art, Gott zu dienen, die aber ihm, dem Mönche, versagt ist.

Ihm erscheint der edle Ritterberuf als die herrlichste und erstrebenswerteste Wirksamkeit im Leben. Sein Lieblingsheiliger ist der heilige Georg. Martin sehnt sich danach, Harnisch und Waffen zu tragen und gegen den Feind zu ziehen gleich Gottfried, aber die mangelnde Kraft seines Körpers bestimmt ihn zum Tragen von Kreuzen und Friedensfahnen, zum Schwingen von Rauchfässern. Er möchte sich regen in der Welt, möchte tätig sein, etwas schaffen; statt dessen muß er unter der ihm unerträglichen Beschaulichkeit des Klosterlebens seufzen und leiden. Mensch zu sein, wäre ihm das Höchste — der Orden, den sein Schöpfer selbst gestiftet hat. Seine Sehnsucht steht danach, eine edle Natürlichkeit sich auswirken zu lassen, sich zu freuen an den Gaben und Schönheiten der Welt, ein tugendsames Weib, die Krone der Schöpfung, an seiner Seite; aber er ist verurteilt zu Weltflucht und Askese. Bruder Martin liebt die Freiheit leidenschaftlich gleich Berlichingen, sie allein erscheint ihm menschenwürdig, doch muß er sich geduldig — ein Sklave seiner eigenen Schwäche — dem Gelübde des Gehorsams fügen. Martins Herz gehört dem kraftbewußten Ritterstande. Er ist kein Freund der Fürsten; er würde, wenn er frei wäre, für die Ideale der Manneszeit streiten, doch bindet ihn seine Schwäche an das Kloster, dem der Geist der Untätigkeit und Weltflucht aus dem Greisenalter zuströmt.

§ 22. Franz.

Gleichwie die Kindheit in den Zigeunerjungen, das Mannesalter in dem heranwachsenden Georg, das Greisenalter im Knaben Karl in einem jüngeren Geschlecht vertreten ist, so findet die Gruppe der Zwischengestalten am Übergang vom Mannes- zum Greisenalter ihre Ergänzung in dem jugendlichen Franz.

Franz steht im Dienste Weislingens und wird von seinem Herrn, dem er ein besonderer Liebling ist, zu ganz persönlichen und vertraulichen Diensten herangezogen. Wie Georg stets um Gottfried, so ist Franz immer um Weislingen. Es beseelt ihn ein Gefühl hingebender Treue zu seinem Herrn, der ihn wiederliebt wie seinen jüngeren Bruder. **Das persönliche Treuverhältnis zu seinem Herrn** läßt ihn mit den Gestalten des Mannesalters verwandt erscheinen.

Dieses edle Gefühl aber kommt in ihm nicht zur vorwaltenden Geltung, denn das Greisenalter gewinnt mehr und mehr Macht über den Jüngling. Es hat in seine Seele den verderblichen Keim sinnlicher Leidenschaft gesenkt, der, einmal genährt, sein ganzes Wesen erfüllen und schließlich alle sittlichen Bindungen verzehren soll.

Die dämonischen Reize einer Adelheid ergreifen beim ersten Erblicken seine leicht entzündbare Natur und wecken seine sinnliche Begier. Von dem Zauber dieses Weibes hingerissen, verfällt Franz in überschwengliche Begeisterung. Die Leidenschaft für diese Frau stachelt seine Seele bis zur Raserei, die seinen Sinn betört und ihn schließlich zu allem fähig macht. Wohl gerät er für einige Zeit in einen heftigen Zwiespalt zwischen treuer Anhänglichkeit an seinen Herrn und begehrlichem Verlangen nach dem Weibe. Diese beiden Elemente des Mannes- und des Greisenalters ringen in seinem Wesen um die Oberhand. Die Macht der sinnlichen Leidenschaft aber triumphiert und läßt ihn am Ende unter dem Zwange der ebenfalls leidenschaftlich-sinnlichen Adelheid schuldig werden. Obgleich Franz erkennt, daß dieses Weib ihn in frevelhafter Weise zur Erreichung ihrer Ziele benützt, ist er doch so sehr zum Sklaven seiner sinnlichen Lust geworden, daß er schließlich, seiner selbst nicht mehr mächtig, zum Verräter an seinem Herrn wird und damit gleich diesem von der dämonischen Gewalt der Adelheid, der Verkörperung des Greisenalters, gänzlich in die sittliche Verderbtheit der neuen Zeit niedergezogen wird. Und wenn vor seinem Tode ein starkes Gefühl der Reue wach wird, dann erkennen wir darin noch einmal die Wirkung des Alten.

§ 23. Die Bauern.

Die Gruppe der Bauern kann ebenfalls an den Übergang vom Mannes- zum Greisenalter gesetzt werden. Manche Züge haben die Bauern mit den Vertretern der Gottfriedgruppe, der Manneszeit, gemeinsam. Aber durch die Übersteigerung und Entartung dieser Züge sind sie doch deutlich von den edeln und ritterlichen Vertretern der Manneszeit abgesetzt.

Die in den Bauern lebendige urwüchsige Kraft ist durch kein Maß umschränkt, wird nicht in sittlichen

Grenzen gehalten, sondern artet in Leidenschaftlichkeit aus, wird zur Roheit und Brutalität. Blinde Wut, glühender Haß, blutgieriger Rachedurst toben verheerend in den Bauern und reißen sie zu den grausigsten Verbrechen hin.

Was die Bauern am meisten den Vertretern des Mannesalters, den Reichsrittern, ähnlich erscheinen läßt, was ihnen auch anfänglich die Teilnahme und das Mitgefühl Gottfrieds erwirbt, ist ihre Stellung im Volksganzen insofern, als auch sie in einem schroffen Gegensatz zu den Vertretern der fürstlichen Reichsstände stehen. In der Verfolgung ihrer absolutistisch-selbstischen Politik quälen die Fürsten und Grundherren die Bauern in maßloser Weise. Sie beuten ihre Hintersassen aufs unerhörteste aus, ziehen ihnen das Fell über die Ohren. Sie nähren sich von der Bauern Blut und Schweiß und Habe und frönen so auf Kosten der Bauern ihrer Genußsucht und ihrem raffgierigen Egoismus.

Diese unmenschliche, sie aussaugende Unterdrückung und Tyrannei ihrer Herrn ruft den glühenden Haß und die Empörung der Bauern wach. Sie begehren dagegen auf und rotten sich zum Kampfe gegen ihre Unterdrücker zusammen. Der Befehdungstrieb ist auch in ihnen lebendig, wenngleich ihr Recht zur Fehde nur ein vermeintliches, historisch nicht begründetes ist. Das Fehderecht kommt nur dem Ritterstande zu, der den Bauern seit alters verschlossen ist. In diesem Punkte rücken die Bauern von den Reichsrittern ab. Weit mehr aber unterscheiden sie sich von der Reichsritterschaft noch dadurch, daß, während diese ihren natürlichen Hang zur Fehde in der Verfolgung ihres feudalen Ideals auswirkt und sich dabei an herkömmliche Normen gebunden hält, die Bauern, durch ihre Bedrängnis zum Kampfe aufgestachelt, in zügelloses, rachgieriges Rauben und Morden ausarten. In dieser völligen Schrankenlosigkeit und Verneinung jeder sittlichen Maßbestimmtheit weisen die Bauern in die Richtung des Greisenalters. Unbändig wie Wirbelwind morden und brennen sie, und die lodernde Rachsucht in ihrer Brust treibt sie, über das eigentliche Ziel ihres Kampfes gegen die Fürsten und Herren, Befreiung von der Unterdrückung, hinaus. Wie wenig die Bauern von dem edlen, kraftvollen Geist der Ritterschaft in sich haben, wird offenbar an der Rolle, die Gottfried in ihrer Mitte spielt. Er, dessen Herz anfänglich für die armen Bedrückten schlug, der hoffte, dem ungeordneten Haufen als Führer Zucht und Beschränkung auferlegen zu können, wird der Rotte schließlich durch seine Ermahnungen so verhaßt, wird als so fremd von ihnen empfunden, daß sie ihm nach dem Leben trachten.

Die auftretenden vier Bauernführer sind in ihrem Wesen gradweise abgestuft. Noch am meisten menschliche Gesinnung weist **Hans Sivers von Wangen** auf, dem ein Zug von Unterwürfigkeit nicht fehlt. Besonnen und nicht allzu leidenschaftlich ist **Jakob Köhl**. **Hans Link** dagegen ist schon grausam und roh, doch nicht so leidenschaftlich zügellos wie **Georg Metzler von Ballenberg**, der Gott und der Welt flucht, bei dem Haß und Rachgier bis ins Bestialische gesteigert sind.

D. Das Greisenalter: die Fürstengruppe.

§ 24. Die allgemeinen Wesenszüge dieses Entwicklungsalters. — Parallelen bei Herder.

Dem Gottfried-Kreise, den Vertretern des naturwüchsig-starken Mannesalters im geschichtlichen Entwicklungsgang des deutschen Volkes, den Vorkämpfern des ritterlichen Lebensideals, steht in der Dichtung eine andere Gruppe gegenüber, die **durchaus gegensätzlich dazu gezeichnet ist. Es sind die fürstlichen Reichsstände.** Diese tragen den Geist der aufkommenden neuen Zeit, die entwicklungsgeschichtlich, mit innerer Notwendigkeit, das Mittelalter überwindet und ablöst. Das Mannesalter neigt sich zum Greisenalter, dessen Lebensgefühl neue, durchaus anders geartete menschliche Typen prägt.

123

Die fürstlichen Reichsstände vertreten in der Dichtung folgende Gestalten: von geistlichen Fürsten der Erzbischof und Kurfürst von Mainz, der Bischof von Bamberg, die Bischöfe von Köln und Konstanz und der Abt von Fulda; von weltlichen Fürsten der Kurfürst und Pfalzgraf Ludwig, der Landgraf von Hanau, der Fürst von Nassau, der Markgraf und die Markgräfin von Ansbach-Kulmbach, der Herzog von Württemberg und der Fürst und die Fürstin von Anhalt. Ferner gehören dorthin die Reichsstädte Nürnberg und Heilbronn und die adligen Grundherren Otto von Helfenstein und Nagel von Eltershofen. Deutlich zählen zur Fürstengruppe ihrer Veranlagung und ihrem Wesen nach noch Olearius, Liebetraut, und vor allem Adelheid von Walldorf.

Diese Reichsstände auf der einen und die um Gottfried von Berlichingen stehenden Reichsritter auf der andern Seite stehen im schroffsten Gegensatz einander gegenüber. Wechselseitiger tödlicher Haß schürt unaufhörlich erbitterte Feindschaft zwischen beiden Gruppen. Sie bekämpfen sich zeitlebens aufs hartnäckigste, und zwar aus innerer Notwendigkeit, da sie im Grunde ihres Wesens voneinander gestoßen werden, wie die beiden Gegenpole eines Magneten. Zwei entgegengesetzt gerichtete Lebensgefühle und Weltanschauungen, beide an sich entwicklungsgeschichtlich berechtigt und darum notwendig, ringen in unversöhnlichem Widerstand. Die Träger des neuen Lebensprinzips werden die Oberhand behalten, denn mit ihnen ist der Geist der Geschichte, die in ihrem natürlichen Ablauf das Greisenalter an die Stelle des Mannesalters führt.

Was im Rittertum positiv zu kraftvoller Wirksamkeit gestaltet ist, ist bei den fürstlichen Vertretern negativ in greisenhafte Schwäche gekehrt. **Schwäche** in allen Lebensäußerungen verleiht der neuen Zeit das ihr eigentümliche Gepräge[1]) und bestimmt den

---

[1]) Alles wurde Schwäche (V, 182); — Neigung, Trieb, Tätigkeit zu leben wirklich geschwächt (V, 537); — sie haben nicht mehr ihren früheren Stand, Kräfte und Saft (V, 555).

Grundzug des Wesens derer, die die neue Zeit in der Dichtung vertreten und verkörpern, der Reichsfürsten.[1]) In unaufhaltsamer Bewegung hat sich das deutsche Volk immer weiter von der ursprünglichrauhen Stärke des ungebrochenen Naturzustands entfernt. In den Gestalten des standesbewußten Reichsrittertums, soweit sie die unverfälschte, unverderbte Wesensart des hohen Mittelalters verkörpern, waren die natürlich-starken Kräfte in ursprünglichem Zusammenspiel zu einer bedeutsamen Entfaltung gediehen. Jetzt setzt die Wirkung des Geistes ein, der unabwendbar die Entwicklung des deutschen Volkes auf eine abwärts gleitende Bahn drängt, wobei die mannhafte Stärke des Mittelalters zersetzt und die Anschauungswelt des Reichsrittertums abgetragen wird. Der aufkommende Geist der Schwäche ergreift das individuelle Sein und verbreitet sich in der Gesellschaft: die deutsche Volksseele bildet sich um.

Auf der Höhe des Mannesalters waren in der menschlichen Seele Gefühl und Verstand im schönsten Gleichmaß wirksam. Mit dem Anbruch der Greisenzeit des deutschen Volkes schwindet die Ausgeglichenheit der beiden Grundkräfte in der Seele. Die starken und reinen Gefühle, die den mittelalterlichen Menschen bewegten, verstummen oder arten in **unedle Gefühle**, in Äußerungen niederer Triebhaftigkeit aus.[2]) Statt des reinen und starken sympathetischen Gefühls der Liebe herrschen sinnliche Lüsternheit und verderbliche Leidenschaftlichkeit, die den Menschen schon in der Jugend beunruhigen und ihn entarten lassen.[3]) Das warme Gefühl

---

[1]) Zur Herausarbeitung der Wesenszüge der neuen Zeit werden vorzüglich die Vertreter der fürstlichen Reichsstände herangezogen, die übrigen Reichsstände nur dann, wenn sie das Bild dieser Zeit in charakteristischer Weise ergänzen.

[2]) Das kraftvolle Gefühl ist zu niederem Trieb herabgesunken (V, 538).

[3]) Die erste Blüte des männlichen und die edelsten Früchte des weiblichen Geschlechts in Ehe- und Mutterliebe und Erziehung haben viel gelitten; Ehre, Anständigkeit und Pflicht beider Teile sind erniedrigt (V, 575);

persönlich=herzlichen Verbundenseins mit dem Näch=
sten, der Freundschaft um ihrer selbst willen, ist er=
kaltet[1]) oder kühler Berechnung gewichen, mit der der
eine den andern selbstischer Zwecke wegen aufsucht.
Wenn der Bischof von Bamberg Weislingen liebkost
und ihm tausend schöne Dinge sagt, so trägt dieses
Gebaren doch zu sehr den Stempel der Weichlichkeit
und süßlich=gleißnerischen Schmeichelei, denn der
Bischof kann eben Weislingen nicht entbehren. Die
ehedem naturhaft=zwingende Regung zu allgemeiner
Menschenliebe hat keinen Platz mehr in der Seele der
Menschen, die über das Glück der Mitmenschen hin=
weg rücksichtslos nur ihren eigenen Vorteil wahren.
Die Reichsfürsten verlassen sich auf das Übergewicht
ihres Ansehens, mißachten menschliche Würde und
fühlen selbst nicht, welche Seligkeit es ist, ein großer
Mensch zu sein. Gleich den sympathetischen Gefühlen
ist auch das religiöse Gefühl verkümmert. Die geist=
lichen Fürsten gehen ganz in ihren weltlichen Ge=
schäften auf; statt fromm und gottesfürchtig zu leben,
sind sie genau so skrupellos auf ihren materiellen Vor=
teil bedacht, wie jeder weltliche Fürst. In den Klö=
stern herrscht jetzt der Geist der Beschaulichkeit und
Weltfremdheit, des schwächlichen Vertrauens auf die
heiligende Kraft der guten Werke; nirgends mehr
ein Hauch der welt= und berufsfreudigen Religiosität,
der starken Frömmigkeit eines Gottfried und einer
Elisabeth. Völlig verloren gegangen ist auch das
intuitive Denkgefühl, das in Gottfried stark aus=
geprägt war. Die Menschen der neuen Zeit sind zu
nüchtern, zu sehr Verstandesmenschen, als daß vor=
dringende Ahnungen in ihnen zur Herrschaft kommen
könnten.

Denn das ist ein weiteres eigentümliches Merkmal
des neuen Zeitalters: es herrscht die einseitige

— Die Phänomena in der Jugend sind meistens schwach,
gemein, unwichtig, aus einer bequemen, üppigen Welt
(IV, 455).

[1]) Das warme Gefühl der Vater=, Mutter=, Bruder=,
Kindes= und Freundesneigungen ist unendlich geschwächt
(V, 538).

Geltung des Verstandes vor.[1]) Der kalte, nüchterne, diskursive Verstand hat die Keime natürlichen Gefühls überwuchert und wandelt die gesamte Denk- und Lebensweise in durchgreifender Weise um.[2]) Aus dem Leben gewonnene Erfahrung und derbsinnliche Anschauung verlieren jegliche Bedeutung. Losgelöst davon wird **abstrakte, erfahrungsfremde Buchgelehrsamkeit um ihrer selbst willen das Bildungsideal der Zeit.**[3]) Der Verstand wird schematisiert und mechanisiert, und dem wird die höchste Achtung und Bewunderung gezollt, der das kunstvolle Instrument des Witzes am besten zu meistern und zu benützen weiß. Spitzfindige Reden, Wortspiele und Wortklaubereien werden bestaunt. Im Disputieren gewandt zu sein, ist der Ehrgeiz der Studierenden. Dialektische Gewandtheit läßt die Diplomatie zur erfolgreichen Waffe in der Hand der Reichsfürsten werden. Kunstvolle Reden zu halten, die Wirklichkeit schlau und berechnend den eigenen Wünschen und Absichten gefügig zu machen, das ist die wirksame Waffe, mit der man siegt. Ganz im Sinne dieses rationalistischen Bildungsideals wurde auch die Jugend erzogen.[4])

---

[1]) Sie sehen und fühlen kaum mehr, sondern denken und grübeln nur (V, 183); — Kopf und Herz sind getrennt (V, 541).

[2]) Die Hefen sanken, und es ward unser Denken. Kultur! Philosophie! (V, 530.)

[3]) Alles strebt, die Menschen über eine gewisse gröbere Sinnlichkeit voriger Zeitalter zu erheben und zu einer höheren Abstraktion im Denken, Wollen, Leben und Tun zu entwöhnen (V, 574); — man räsoniert, ... abgezogener Geist! Philosophie aus zwei Gedanken, die mechanischste Sache von der Welt. ... Räsonnement, das sich bis auf die Grundsäulen der Gesellschaft erstreckt, die sonst nicht dachten, nur trugen (V, 537); — die Menschen werden durch Worte und das Lernen fremder, allgemeiner Begriffe erstickt (IV, 455).

[4]) Die Jugend macht Schulübungen im Staube unserer Lehrkerker, Werkstätten des Kunstmäßigen, lernt Phrases und klaubt Regeln (V, 111); — sehet die elenden Schüler, die in ihrem Leben nichts als Metaphysik an Sprache,

Die Sprache, die von Stufe zu Stufe die natürliche Entwicklung des deutschen Volkes begleitet, bringt auch im Greisenalter den Geist dieser Zeit bemerkenswert zum Ausdruck. Ganz entsprechend der einseitigen Herrschaft des Verstandes in der Greisenzeit ist die Sprache geartet. Sie ist eine **Verstandessprache**. Der natürliche, gefühlsbetonte, derbsinnliche Charakter der Manneszeit ist jetzt völlig aus ihr verschwunden. Die neuzeitliche Sprache ist ein durchaus rationalistisch-gelehrtes Ausdrucksorgan geworden; alles Volkstümliche fehlt, dafür aber ist die Sprache überreich an fremden, vor allem gelehrtlateinischen Elementen. An Stelle des Naturhaftderben der Ausdrucksweise der Gestalten der Gottfriedgruppe tritt das Pikante, mitunter Zotige in den Vordergrund.[1])

Den Geist dieser Sprache atmet auch das **Lied des Liebetraut**, das dieser Hofmann zur Zither singt. Das Volksliedmäßige entbehrt es vollständig; es ist ein **höfisches Kunstlied** und bildet als solches das Endglied der Entwicklung, die vom natürlichen Volksgesang zur höfischen Kunstpoesie führt. Der Inhalt von Liebetrauts Lied ist ferner bezeichnend für den Geist frivoler Galanterie und lockerer Lebensauffassung, der jetzt zu herrschen beginnt. Statt kampfesmutiger, tatentschlossener und todesverachtender Wirk-

---

schönen Künsten und Wissenschaften, und (an) Allem nichts als Metaphysik lernen! sich an Dingen zermartern, die sie nicht verstehen! über Dinge disputieren, die sie nicht verstanden haben. Sehet elende Lehrer und Lehrbücher, die selbst kein Wort von dem verstehen, was sie abhandeln. In solchen Wust von Nominalbegriffen, Definitionen und Lehrbüchern ist unsere Zeit gefallen (IV, 453).

[1]) Die subtile Spitzfindigkeit gab dem Geiste verunstaltende Krümmung: die Sprache erlag (I, 367); — es haben sich in Denkart, Ausdruck und Gestalt der Sprache ganz andere Seelenkräfte entwickelt ... Alles bis auf unsere Dichtkunst und Dichtungssprache hat den Weg des schönen Anstandes, des Feinausgedachten und Feingesagten, der guten Wendung, des vollendeten Umrisses auch in Bildern, Perioden, Vers, Wohlklang, Silbenmaß — den Kunstweg hat alles genommen (V, 324).

samkeit des echten Ritters alten Stils im harten Fehdekrieg feiert der Höfling „Liebetraut" das galante Liebesabenteuer seiner Zeit, wo „das Blut geschont und der Schweiß gespart" werden, um „im Feld und der Liebe" den Sieg zu gewinnen.

Die weit getriebene und einseitige Pflege des Verstandes ertötet die Ursprünglichkeit und Unmittelbarkeit aller menschlichen Regungen. So sehr das kraftvolle Rittertum mit der Natur verwachsen war und blieb, die Menschen der neuen Zeit werden immer mehr von der Natur abgedrängt, im Leben des einzelnen sowohl, wie in dem der Gesamtheit. Auf dieser Stufe der Entwicklung neigt alles zur **Unnatur und Künstelei**.[1]) Die Natur selbst, die Landschaft wird dem vernunftgenötigten Geschmack angepaßt. Man zwängt sie in ein System steifer, gezwungener, einsiedlerischer Gärten,[2]) woran die Fürsten ihre Freude haben. Schauspiele und Bildersäle dienen ihnen zum Ergötzen. Wenn sich ritterliche Kraft in frohem Tatendrang ungebunden in der freien Natur auswirkte, so ist das Leben jetzt an die fürstlichen Höfe gebannt. Die dort gepflegte **höfische Kultur** bestimmt in vorwaltendem Maße den neuen Lebensstil. Statt urwüchsig-rauher Wirksamkeit[3]) waltet hier der gekünstelte Geist der höfischen Gesellschaft, die tatenlos die Tage dahinstreichen läßt; von ernster Arbeit, von Fleiß ist nichts zu verspüren. „So fleißig wie ein Deutscher von Adel — das hab' ich mein Lebtag noch nicht gehört," spottet Liebetraut. Eigene Verdienste und bleibende Werte werden an den Höfen nicht geschaffen, dafür sucht jeder seinen Stammbaum in die Wolken zu treiben, um mit den Verdiensten der Vorfahren die leeren Seiten seines Charakters zu tapezieren.

---

[1]) Die Kunst kam und löschte die Natur aus (V, 182); — alles wurde Künstelei (V, 183); — man hält die Policierung des Jahrhunderts fürs non plus ultra der Menschheit (V, 524).

[2]) Eine Architektur auf der Fläche — das Gartenwesen! voll Proportionen und Symmetrie; ganz neue Natur ohne Natur! (V, 553).

[3]) im hellen Licht der uneingekerkerten Natur (V, 111).

Einfach und anspruchslos lebte der Ritter; die neue Gesellschaft schwelgt in genießerischer Lebensführung, Luxus und Schlemmerei. **Genußsucht erfüllt die Menschen der neuen Zeit;**[1] sie sind stark in der Maßlosigkeit. Im Bamberger Hofe wird uns ein typischer Fürstenhof — noch dazu ein geistlicher! — geschildert. In schrankenloser Ausschweifung versinkt man dort haltlos im Genuß. Der Wein fließt reichlich, allzu reichlich, so daß der Geist — wie beim Abt von Fulda — ernstlich Schaden leidet. Lockere Lieder, schlüpfrige Redensarten sind die rechte Begleitung zu diesem Treiben.

Denn um die Sittlichkeit der Vertreter der neuen Zeit ist es schlecht bestellt. Der Mensch als sittliches Wesen ist aus der natürlichen Gebundenheit herausgetreten.[2] Keine naturgegebene, objektive Norm bestimmt mehr sein Denken und Tun. Es herrscht **hemmungsloser Individualismus,** die Begier triumphiert über die Pflicht. Stets nur den eigenen Vorteil vor Augen, verlieren die Fürsten jeden sittlichen Halt. Der edle Ritter ist ehrlich, uneigennützig und ernstlich darauf bedacht, seine Ehre rein zu erhalten. Die Reichsfürsten dagegen, um ihr selbstisches Ziel zu erreichen, bedienen sich lichtscheuer Gänge und Schliche,[3] borgen das unsichtbare Netz höllischer Verräterei und bedienen sich in feiger Hinterlist des Betrugs. Skrupellos in der Wahl ihrer Mittel, schmeicheln und lächeln sie aus Berechnung, wenn es ihnen gleich nicht von Herzen kommt. Es gilt ihnen nichts, an der eigenen Ehre Schaden zu leiden, wenn nur ihr egoistischer Zweck erreicht wird, auch auf Kosten ihrer persönlichen Würde. In leichtfertiger Weise brechen die Reichsfürsten ein gegebenes Wort; Wortbruch ist ihnen so selbstverständlich, daß sie auch bei Gottfried den Eidbruch ohne weiteres für möglich halten. „Ritterpflicht! Kinderspiel!" spricht Adelheid wegwerfend und kennzeichnet damit die

---

[1] Leichtsinn und Ausgelassenheit, Üppigkeit (V, 524).
[2] Weniger Tugend, weil mehr Aufklärung (V, 554).
[3] Alles wurde Falschheit (V, 183); — durch furchtsam schleichende Politik verdorben (V, 181).

Kluft, die sich zwischen den Reichsrittern mit ihrem Lebensideal und den Reichsfürsten mit deren Lebensauffassung auftut.

Der Geist persönlichkeitsbewußter Freiheit schwindet aus der Welt.[1]) Ohne Widerstand verzichten viele auf ihre persönliche Unabhängigkeit und vertauschen freiwillig ihre naturgegebene Freiheit mit dem Dienst an Fürstenhöfen. Die höfische Luft übt eine ebenso unheilvolle wie unwiderstehliche Anziehungskraft aus. Ein Gottfried freilich begreift diesen Zug der Zeit nicht. Doch das Festhalten an angestammter Unabhängigkeit ist selten geworden, begegnet nur noch ausnahmsweise in einer Zeit, in der die Schwäche die Seele des ganzen Volkes zu ergreifen beginnt.

Aus der neuen historischen Lage, die der Geist der Schwäche, der Verstandesherrschaft und der Unnatur geschaffen hat, erwächst auch ein **neues politisches Ideal**. Es wird vertreten von den fürstlichen Reichsständen als der sozial und politisch herrschenden Macht. Entsprechend ihrer Veranlagung ist bei den Fürsten die Triebfeder aller politischen Betätigung der Egoismus, das rücksichtslose Streben nach Befestigung und Erweiterung der eigenen Macht. **Der Absolutismus wird das Staatsideal der neuen Zeit.** Ihm hängen die Fürsten an und befolgen seine Maxime, wenn sie nach absolutistischer Herrschaft in ihren Gebieten streben und die Grenzen ihrer Gebiete zu erweitern trachten. Derselbe egoistische Zug leitet auch die Städte in ihrem rücksichtslosen Streben nach Erweiterung ihres Einflusses und Vermehrung ihres Reichtums. Alle andern Interessen und Pflichten treten hinter dem Machtstreben der fürstlichen Aristokratie zurück. Kaiser und Reich lassen sich die Reichsstände nur insoweit angelegen sein, als sie durch sie ihren eigenen Zielen näher-

---

[1]) Mit ihren Wäldern ist die Freiheit der Deutschen ausgehauen (I, 367); — die altgotische Freiheit-, Stände- und Eigentumsform zerstört (V, 534); — Herr und Knecht, Despot und Livreyendiener jedes Amts, Berufs und Standes, vom Bauer bis zum Minister und vom Minister zum Priester ist alles (V, 535).

kommen. Es fehlt jede Rücksicht auf die staatliche Gemeinschaft; **die Selbstsucht des Individuums tritt vor den Dienst an der Gemeinschaft.** Kein Fürst im Reich ist so klein, dem nicht mehr an seinen Grillen gelegen wäre als an des Kaisers Gedanken. Der Kaiser muß den Reichsständen die Mäuse fangen, inzwischen die Ratten seine Besitztümer annagen. Die Fürsten kennen in ihrem Subjektivismus keine Unterordnung unter den Staatsgedanken; ihnen bedeutet der Staat nur Mittel zur Erreichung ihrer privaten Absichten. Sie spielen mit dem Kaiser auf eine unanständige Art, beschmutzen ungestraft die kaiserliche Majestät und machen die Befehle des Kaisers zu Knechten ihrer Leidenschaft. Der gleiche selbstische Geist zeigt sich bei den Städten, denn wenn ein Kaufmann einen Pfeffersack verliert, soll der Kaiser das ganze Reich aufmahnen. **Gänzlich verschwunden ist bei den Reichsfürsten der Geist mittelalterlicher Feudalität,** zerrissen ist das ideale Band persönlicher Treue, das die Reichsfürsten als Vasallen an ihren Lehnsherrn, den Kaiser, knüpfen sollte. Wenn sich der Kurfürst von Mainz in tönender Rede für die Stärke der deutschen Lehnspflicht begeistert und dem erhabenen Monarchen seine und seiner Standesgenossen Ergebenheit bekundet, so ist das eitel Schein und Lüge. Die Fürsten dienen nicht wie Gottfried edel und frei dem Kaiser zu Nutz und Frommen des Bestandes des Reichsganzen, sondern sie verletzen ihre Pflicht und Treue gegen das Reich und den Kaiser aufs schmählichste. Sie setzen alle schuldige Ehrfurcht vor dem Reichsoberhaupt außer Augen und wachsen dem Kaiser täglich nach dem Kopf. Die Dienste, die die fürstlichen Pfannenflicker mit ihren unaufhörlichen Reformvorschlägen für Kaiser und Reich zu leisten glauben, sind nur scheinbar förderlich, in Wirklichkeit nützen sie nur fürstlichem Egoismus. In ihrer skrupellosen Selbstsucht gehen sie soweit, daß sie dem Kaiser zur Wahrung des Reichsbestandes die schuldige Heeresfolge versagen. In schwülstigen, heuchlerischen Worten wird von ihnen dem Kaiser Lehnstreue versichert und zugesagt, aber nie kommt es zur Tat. Umsonst fordert der Kaiser auf dem Reichstag zu Augsburg eine Kontribution an Geld und Mannschaft gegen die Türken. Nicht minder versäumen die Städte ihre Pflicht, denn wenn Händel vorhanden sind, daran dem Kaiser und dem Reich viel gelegen ist, so kann sie kein Mensch zusammenbringen. Der Wille des Kaisers ist durch die Macht der Fürsten gefesselt, Maximilian ist nur der Strohmann, der die Vögel von den Gärten der Fürsten scheucht. Er ist die Seele eines krüppeligen Körpers. Ruft er zum Fuße: marsch!, der ist eingeschlafen, zum Arm: heb dich!, der ist verrenkt. Nicht mehr der Kaiser ist Herr im Reich, sondern der Egoismus und das absolutistische Streben der Fürsten sind die herrschende Macht.

In der Verfolgung ihrer Absichten treffen die Reichsfürsten auf den hartnäckigen Widerstand der kraftvollen, wahrhaft kaiser- und reichstreuen Ritterschaft, die den angestammten Besitz und die alten Rechte mit dem Schwerte in der Hand verteidigt. Wohl aus dem Gefühle heraus, daß ihnen die standesbewußten Reichsritter an menschlicher Größe und an Macht der Persönlichkeit überlegen sind, fürchten die Reichsfürsten ihre Widersacher und verfolgen sie mit Neid und Mißgunst. Sie sind, um bei ihrem Treiben unbehindert zu sein, darauf bedacht, die Ritter zu fesseln, um hernach zu tun, was sie wollen. Doch scheuen sie den offenen Kampf — das Schwert ist nicht ihre Waffe —, sondern sie benützen die ihrer Schwachheit gemäßeren Mittel und greifen zur List und Intrigue, um über die Ritter Herr zu werden. Eifrig sind sie hinter dem Kaiser her, schreien von Ruh und Sicherheit des Staates, und ruhen nicht eher, als bis sie ihn beredet haben, einen **allgemeinen Landfrieden** zu verkünden.

Auf dem Reichstag zu Worms machen die Fürsten, die geistlichen am ärgsten, weite Mäuler, um den Landfrieden durchzubringen. Es leitet sie die Überlegung, daß mit der Verkündigung des Landfriedens, der das hergebrachte Fehderecht und das Recht zur Selbsthilfe aufhebt, die Wirksamkeit der Reichsritterschaft an der Wurzel untergraben werden würde. Der

Gedanke des Landfriedensgesetzes entspringt aus der selbstischen Gesinnung der Fürsten, ist aber in der Geschichte und in der natürlichen geschichtlichen Entwicklung das notwendig Kommende.

Zur Schlichtung von Streitigkeiten und zur Bestrafung von Vergehen gegen das Landfriedensgesetz wird das Reichskammergericht geschaffen und mit fürstlichen Richtern besetzt, die die kaiserlichen Gerechtsame ausüben. An Stelle des von altersher von der Ritterschaft geübten, aus natürlichem Rechtsempfinden entspringenden feudalen Fehderechts und des auf altem Herkommen und auf Erfahrung beruhenden nationalen Volksrechts, das von den Schöppenstühlen gesprochen wird, dringt nun das römische Recht in die deutsche Rechtspflege. Das corpus iuris Justiniani, eine Sammlung aller erdenklichen Rechtsfälle, die man mechanisch und rein verstandesmäßig zur Rechtsprechung heranzieht, kommt ganz der rationalistischen Denkart der Zeit entgegen und entspricht deren buchmäßiger Gelehrsamkeit. Doch ist das Verfahren am kaiserlichen Gerichtshof so kraftlos-schleppend und umständlich, daß man sterben und verderben könnte, ehe man sein Recht erlangt.

Dies und die Überzeugung, daß die ganze neue, von den Territorialfürsten gewollte und vertretene Ordnung nur ein Ausfluß von deren selbstsüchtigem Machtstreben ist, bewegten die Ritter, ihr zu widerstreben und bei ihrem alten Recht auf Fehde und Selbsthilfe zu verharren. Nun erheben die Fürsten ein großes Geschrei von der bürgerlichen Ruhe und Glückseligkeit, der ihr Bemühen gelte. Die Ritter werden verschrieen als Räuber und Störenfriede, sie werden für alle Mißstände im Reiche verantwortlich gemacht. Die Reichsfürsten hetzen beim Kaiser gegen die Ritter und bieten gern ihre Hände zu einer Reichsexekution gegen die unruhigen Häupter, anscheinend in des Reiches Interesse, in Wahrheit freilich, um sich der ihre Willkür beengenden Ritter zu erwehren. Daß es den Reichsständen nicht um die Wahrung und Befestigung der neuen Ordnung zu tun ist, beweisen sie selbst, indem sie sich durchaus nicht scheuen, trotz

Landfrieden und Reichskammergericht zu tun, was sie wollen. Ohne in Fehde wider ihn begriffen zu sein, wirft der Bischof von Bamberg Gottfried einen Buben nieder und hält ihn gefangen. Ohne sich an die neue Rechtsordnung zu kehren, schleppen die Nürnberger Hans von Lidwach ins Gefängnis.

Die Reichsfürsten tun durchaus nicht ihr Teil, um die von ihnen vielgepriesene Ruhe und Glückseligkeit verwirklichen zu helfen. In ihrem absolutistischen und habsüchtigen Streben bedrängen sie ihre Untertanen aufs rücksichtsloseste. Sie sind tyrannische Herren, ein „verzehrend Feuer, das sich mit Untertanen Glück, Habe, Blut und Schweiß nährt, ohne gesättigt zu werden". Sie sind die Rebellen, die mit unerhörtem, geizigem Stolz mit unbewehrten Kleinen sich füttern. Die Grundherren keltern die Bauern bis auf den letzten Blutstropfen aus und quälen sie zu Tode. In ihrer blinden Raffgier kennen die Herren nicht das Glück freier Untertanen und das Gefühl, in ihren Untertanen glücklich zu sein.

So wenig wie zwischen den Herren und Untertanen, besteht eine innere, persönliche Bindung zwischen den Offizieren und Soldaten der **Reichsarmee**. Sie ist eine **Söldnertruppe**, zusammengewürfelt aus feigen, undisziplinierten Mietlingen, die, ohne innere Anteilnahme und eigene Initiative, nur nach dem papiernen Operationsplan ihrer fürstlichen Auftraggeber handeln.[1]) Die Reichsarmee ist ein Bündel Haselruten und das „Fliehen wie Reichstruppen" ist sprichwörtlich. Die Soldaten sollen fasten, während es sich die Offiziere gut sein lassen — wie anders als bei der Schar Gottfrieds, wo selbst die letzte Flasche Wein brüderlich geteilt wird.

Es ist eine nichtswürdige Welt, in der die Fürsten und die gleichgesinnten Vertreter der anderen Reichs-

---

[1]) Das Heer ist eine gedingte gedanken-, kraft- und willenlose Maschine geworden, die ein Mann in seinem Haupte lenkt, und die er nur als Pantin der Bewegung, als eine lebendige Mauer bezahlt, Kugeln zu werfen und aufzufangen ... Der Soldat ist erster Lohndiener des Staats in Heldenlivrey (V, 534).

stände regieren. Sie erscheinen den aufrechten Rittern als schlechte Menschen, bürgerlich-ehrliche Spitzbuben, freundliche Diebe und privilegierte Beutelschneider, als kleine Menschen, angefaulte Hundsfötter und Schandpfähle, an die der Kaiser sein geheiligtes Ebenbild hängt und es so der öffentlichen Verachtung preisgibt.

Nicht ohne Berechtigung erscheinen Gottfried von Berlichingen und seinem Kreise die Fürsten in diesem wenig rühmlichen Licht. Sie tragen zu sehr das Gepräge menschenunwürdiger Schwäche und sittlicher Minderwertigkeit als daß ihnen positive Wertung zukommen könnte. Und wenn sie dennoch im Laufe der Entwicklung des deutschen Volkes schließlich bestehen und triumphieren, so tun sie es, weil sie **die Träger des geschichtlichen Fortgangs sind, der sich nicht nach ethischer Würdigkeit richtet, sondern im Sinne innerer Gesetzlichkeit und natürlicher Entwicklung weiterschreitet und als objektiv berechtigt erweisen kann, was subjektiv-moralisch zu verwerfen ist.**

§ 25. Adelheid: ihre Persönlichkeit.

In Gottfried von Berlichingen strebten die dem Mannesalter der deutschen Geschichte eigentümlichen Grundkräfte zur höchsten Entfaltung und prägten seine Gestalt zur gewaltigen Persönlichkeit. Gottfried ist der Inbegriff des deutschen Mittelalters, wie er auch dessen Abschluß bedeutet insofern, als er im natürlich-notwendigen Fortgang der Geschichte seines Volkes dem Zug der neuen Zeit erliegt. Der Geist der neuen Zeit, des Greisenalters, das die Manneszeit des Mittelalters überwindet und ablöst, ist in Adelheid zur bedeutendsten Erscheinung gestaltet. Dem Manne Gottfried steht in der Dichtung das Weib Adelheid gegenüber als **hervortretender Typus des Greisenalters.** Beide Gestalten wachsen, jede aus ihrem eigentümlichen geschichtlichen Daseinsgrund, zu überragenden Persönlichkeiten auf.

Gottfried und Adelheid stehen zueinander wie ein alles überragender Berggipfel und sein Abbild in einem Wasserspiegel. Was sich dort frei nach oben reckt, weist hier in die Tiefe; eines ist durchaus das Gegenbild zum andern,[1]) beiden aber ist gemeinsam, daß sie Gipfel sind.

In den Urbestandteilen ihrer Wesenheit ist Adelheid durchaus ein Geschöpf der neuen Zeit, die in zwangsläufiger Entwicklung mit einer völlig anders bestimmten Lebensrichtung an die Stelle des geschichtlich überwundenen Mannesalters rückt. In der Entfaltung ihrer Persönlichkeit aber stellt Adelheid eine Gestalt dar, in der sich sämtliche Grundkräfte des Greisenalters zur äußersten Spannung verdichtet haben. Es will scheinen, daß in Adelheids Wesen und Einzelschicksal der gesamte Geist des Greisenalters und dessen geschichtlicher Ablauf zusammengedrängt sind. In der Persönlichkeit der Adelheid und ihrem schließlichen Zusammenbruch ist die ganze Entwicklung des Greisenalters bis zum Schluß gewissermaßen vorweggenommen. Auch hierin entspricht sie durchaus Gottfried, der gleichfalls die Höhe und das Ende seiner Zeit darstellt.

Ihre äußere Erscheinung schon kennzeichnet Adelheid als ein besonderes Wesen. Adelheid von Walldorf ist ungewöhnlich schön. Mit seltenen Reizen ist sie begabt; alles Menschliche übertreffend, englisch wird ihr Körper gepriesen. Dunkle Haare wallen gleich einem Prachtvorhang um die königliche Herrlichkeit ihrer Gestalt. Dazu prägen die schwarzen Augenbrauen Adelheid zu einem Schönheitstypus ganz anderer Art als Gottfrieds Schwester Marie, die mit ihren sanften blauen Augen auch schön genannt wird. Diese körperlichen Reize werden noch geadelt durch die Majestät vornehmer Würde, so daß alle, die ihr nahe-

---

[1]) Die genaue Analyse der Gestalt Adelheids ergibt die bemerkenswerte Tatsache, daß diese Gestalt vom Dichter in allen wesentlichen Zügen der Gottfrieds durchaus entgegengesetzt gezeichnet ist: Adelheid das deutliche Negativ zu Gottfried. Wir halten uns daher bei der Darstellung der Adelheid völlig an die bei der Zeichnung Berlichingens befolgte Anlage.

kommen, unwiderstehlich gefangen werden. Weis=
lingen, Sickingen, Franz, der Zigeunerjunge geraten
in den Bann ihrer sinnberückenden Schönheit. Der
junge Georg muß sie bewundern, und selbst der
Mörder, der den Femspruch an ihr vollziehen soll,
wird von ihren Reizen hingerissen. Adelheid ist ein
„königliches" Weib, ihre Erscheinung ist in ihrer Art
ebenso zwingend wie die kraftvolle Männlichkeit Gott=
frieds die Menschen zur Bewunderung nötigt.

Eine innere Spannung, ein mächtiger Lebens=
drang, wie sie bei einem Weibe überraschen, erfüllen
diese Gestalt. Eine **unbändige Tatenlust**
spornt Adelheid und weist sie über die beschauliche
Schlaffheit ihrer Umgebung hinaus; eine Atmosphäre
tätigen Lebens umgibt sie. Dieses Weib strebt über
den Bereich der Wirksamkeit und Pflichten, den der
Frau die natürliche Bestimmung gesetzt hat, und in
dessen Grenzen Elisabeth zu einer würdigen und ver=
antwortungsbewußten Erfüllung ihres Lebens
kommt, hinaus. **Adelheid setzt sich über jede
Maßbestimmtheit hinweg.** Wohl erinnert
sie mit diesem ungestümen Hang zur Betätigung in
der Welt an Gottfried von Berlichingen, aber
während dieser seine naturhafte Kraft im Dienste des
hohen feudalen Ideals seiner Zeit im männlichen
Ritterberuf auswirkt, wird Adelheid im tiefsten
Grunde ihres Wesens **getrieben vom un=
edlen Gefühl eines Ehrgeizes,** der nur
selbstischem Machtstreben genügen will. Dieses un=
edle Gefühl ist durch keine Rücksicht auf die mensch=
liche Gemeinschaft gebunden, sondern es strebt ledig=
lich und ausschließlich nach der Erfüllung der Wünsche
und Zwecke des Individuums. In diesem Punkte ist
das Greisenalter dem Mannesalter schroff entgegen=
gesetzt.

Der Stachel des Ehrgeizes, der in ihr wie in
Weislingen wirkt, erwacht schon in ihrer Jugend.
Bereits als kleines Mädchen will sie die Schönste sein,
sie wird unduldsam und böse, wenn eine andere ein
schöneres Kleid trägt als sie. Mit den Jahren wächst
dieses unedle Gefühl. In der Sucht, ihren Ehrgeiz
zu befriedigen, geht sie nach dem frühen Tode ihres

Mannes an den Hof des Bischofs von Bamberg. Der dortige Kreis, dessen Geist auch ihre Wesenheit erfüllt, zieht sie magnetisch an. Gierig greift Adelheid in die Politik der Männer ein, immer trachtend, etwas Großes zu tun, etwas Bedeutendes zu leisten. Sie zieht die Männer in ihre Netze und strebt sie zu beherrschen, um selbst herrschen zu können. Sie begehrt den an sich zu fesseln, der als tätiger, großer Mann und Politiker die Ziele ihrer Ehrsucht erfüllen könnte. Ihr Sinn steht nach einem Mann, der nicht leben könnte, solange ein mächtiger Nebenbuhler blüht, der nicht ruhen würde, bis dieser vernichtet wäre und dem gleich ihr das Wort „leben und leben lassen" ein Sprüchelchen für alte Weiber wäre.

Adelheid, die typische Vertreterin des Greisenalters, ist von dem eigentümlichen Bildungselement dieser Zeit, dem Verstande, in entscheidender Weise geartet. **Der scharfe, klare Verstand beherrscht das Wesen dieses Weibes.** Ihm sind alle übrigen Regungen untergeordnet. Ganz im Sinne des Bildungsideals der Aufklärung ist Adelheid erzogen. Sie findet keine Freude an den Geschichten des streitbaren und hochberühmten Helden und Ritters Teuerdank, sondern ihr verfeinerter Sinn ergötzt sich an den galanten Abenteuern, die Ariost dichtet. Das aufgeklärte Bildungsideal des Greisenalters wendet sich von der ritterlichen Erziehung des Mannesalters ab. Der verstandesmäßige Unterricht bildet auch ihre Sprache zu einem feingeschliffenen Werkzeug im Dienste dialektischer Gewandtheit. Alle Natürlichkeit ist daraus geschwunden. Dagegen ist sie durchsetzt von buchgelehrten Wendungen und Wörtern fremden Ursprungs und reich an spitzfindigen Wortspielen. So zum Verstandeswesen gebildet, überblickt Adelheid alle Lebenslagen mit klarer Überlegenheit. Ihrem Verstand und ihrem Ehrgeiz ordnet sie selbst die Regungen ihrer Sinnlichkeit unter. Es ist bezeichnend, daß ihre Lieblingsunterhaltung das Schachspiel ist, ein Prüfstein des Gehirns. Wenn Adelheid ihre Augen aufs Brett heftet, als wenn sie einem großen Streich nachsänne, dann „scheint ein feiner lauernder Zug, halb Physiognomie, halb Empfindung,

um Mund und Wange mehren als nur dem elfen=
beinernen König zu drohen" — dies ein bezeichnender
Ausdruck ihres Wesens. In der Tat, wie sie im
Schachspiel über den Bischof triumphiert, so gelingt
es ihr auch im Leben, mit wohlbedachten, sicheren
Schachzügen alle Männer in ihre Gewalt zu nötigen.
Sie beherrscht sich, ihre Worte und die Kunst sich zu
verstellen meisterlich. Sie weiß, wie man Männer
fängt. Rasch durchschaut sie deren Eigenarten und
Schwächen, um dann siegesgewiß ihre Reize spielen
zu lassen. Am Bamberger Hofe erkennt und schätzt
man ihre Künste und greift mit Freuden danach, um
sie in den Dienst der eigenen politischen Zwecke zu
stellen. An Weislingen legt Adelheid eine glänzende
Probe ihrer Verführungskunst ab. Ihn, den der
Bischof schon verloren glaubt und auf den er doch
nicht verzichten kann, weiß sie zu angeln und vermag
ihn fester denn je an den Hof zu ketten.

Die Macht des Verstandes herrscht in Adelheids
Natur in einem Maße vor, daß die Regungen
des edlen Gefühls im Keime erstickt
werden. Nur zaghaft und spärlich deuten sich zartere
Seiten ihrer Natur an, so wenn sie sich um Franz
besorgt und für seine Treue erkenntlich zeigt. Sonst
ist sie jeder reineren Empfindung bar. Das edle Ge=
fühl hat in ihrer Seele keine Stätte. Diesem Weibe
ist — ganz anders als Elisabeth — hingebende,
selbstlose Frauenliebe fremd. In ihr lodert höchstens
sinnliche Lust, doch selbst diese weiß sie zu bändigen,
wenn es nüchterner Zweck erheischt. Das Begehren
der Männer kann ihr wohl schmeicheln, nicht aber ihre
Neigung wecken, wenn sie nicht dadurch ihren Ehrgeiz
gestillt sieht. Entweder sie spielt mit den Männern,
oder ihre Neigung ist, wie in ihrer Beziehung zu
Weislingen, vom berechnenden Verstande diktiert,
wenn sie sich nur die Erfüllung ihres Ehrgeizes ver=
spricht. Nur als Sickingen ihr wirklich begehrenswert
erscheint, bricht ihre leidenschaftliche Natur durch, und
nun kennt sie keine sittliche Bindung mehr. Jede
reinere Empfindung bleibt ihr verschlossen und jeder
Zug von Herzensgüte mangelt ihr. Auch an anderen
Menschen sind ihr weichere Regungen zuwider; ent=

weder sie verspottet solche oder sie wittert hinter ihnen kluge Berechnung.

Adelheid, die ausschließlich auf den Verstand baut und sich nur von ihm leiten läßt, empfindet **keinerlei inneres Bedürfnis nach religiöser Bindung**. Ihr aufgeklärter Sinn leugnet das Dasein eines jenseitigen Gottes. Nur in Augenblicken äußerer Not erklingen religiöse Töne, die aber nicht der Ausdruck religiösen Erlebens sind. Sie ist **durchaus ein Geschöpf der Aufklärung**, die dem menschlichen Verstand keine Schranke zugestehen will. Selbst das Schicksal erkennt Adelheid nicht an als unberechenbare, über menschliches Vermögen hinausgreifende Gewalt. „Schicksal! Sind wir's nicht selbst?", das sind die bezeichnenden Worte, mit denen sie sich wieder zur Besinnung bringt, nachdem sie für einen Augenblick eine ihr scheinbar widerstrebende höhere Macht angeklagt hat. Sie fühlt sich schnell wieder im Vollbesitz ihrer Vernunft und Herrin über ihr Erleben.

Vertrauend auf die alleinige Geltung des Verstandes, ohne jedes starke, reine und edle Gefühl, aller religiösen Ehrfurcht bar, ist Adelheid in schrankenloser Ehrsucht nur auf die Erfüllung ihrer ehrgeizigen Wünsche in dieser Welt bedacht. Jedes Mittel ist ihr recht, um dieses Ziel zu erreichen. Gewissenlos schreitet dieses Weib über alle Bedenken hinweg, unbekümmert darum, ob sie im Streben nach Verwirklichung ihrer hochfliegenden Pläne andern Leiden und Unglück bringt. Bis in die Tiefen ihrer Wesenheit ist sie **unmoralisch**, bös. „Gott, machtest du sie so schön und konntest sie nicht auch gut machen!" Alle Ränke, Listen und Verstellungskünste des Greisenalters beherrscht sie und läßt sie spielen, wenn sie nur dienen, ihre Ehr= und Herrschsucht zu befriedigen. „Falsche Worte gelten zum höchsten, wenn sie nur Masken unserer Taten sind," bekennt sie selbst und verlacht die moralischen Bedenken anderer.

Mit ihrem hemmungslosen Egoismus und ihrer Ehrsucht, mit ihrer Skrupellosigkeit und sittlichen Entartung verkörpert Adelheid in wesentlichen Zügen ihrer Natur den Geist der neuen Zeit. Aus der

Lebensstimmung eines Subjektivismus heraus, der jede Bindung mißachtet, wächst dieses Weib zur beherrschenden Gestalt empor. In ihr ballen sich alle Lebenselemente und Wollungen ihrer Zeit zu einer solchen Spannung, daß sie den im natürlichen Fortgang der Geschichte heraufziehenden neuen Menschentypus voll entwickelt darstellt. Alles an Adelheid ist zu einem so hohen Maße gesteigert, daß **in ihr die Wesensart des Greisenalters zur äußersten Entfaltung getrieben** erscheint. In Adelheid ist ein übermenschlicher Genius wirksam, ihrer Persönlichkeit ist die Macht zauberischen Wirkens verliehen. **Ein dämonischer Zwang** geht von ihr aus. Mit geheimer, unwiderstehlicher Gewalt zieht sie die Männer, auf die sie ihren Sinn richtet, von ihren Pflichten ab und reißt sie in die Tiefe hinunter. Ganz anders als bei Gottfried, dessen eigenes strenges Pflichtbewußtsein den gleichen Geist der Gewissenhaftigkeit auch in seine Umgebung ausstrahlt und das auch Weislingen zurückzunötigen vermag. Im Banne ihrer Persönlichkeit verletzt Weislingen heiligste Gebote. Unter ihrem Einfluß gerät Franz so von Sinnen, daß er jegliche Gewalt über sich verliert und zum willenlosen Werkzeug in ihren Händen wird. Sickingen verfällt dem Zauber dieses Weibes und begeht um ihretwillen Ehebruch. Selbst der Fememörder bleibt von ihren dämonischen Reizen nicht unberührt.

In Adelheid, die mit den Gestalten der Reichsfürsten das Greisenalter darstellt, erscheint die neue Zeit auf die Spitze getrieben, gleichwie das Mannesalter in Gottfried zu einer letzten Steigerung kommt. Adelheid und Gottfried bilden einen schroffen Gegensatz. Adelheid, das Weib, steht dem großen Ritter und edlen Manne gerüstet gegenüber. Kämpft er mit reinen Waffen, so strebt sie mit Verrat zum Ziele, ist er sittlich groß und wirkt er sittlich, so ist sie groß im Bösen und wirkt verderbenbringend. Adelheid ist sich dieses inneren Gegensatzes klar bewußt. Darum haßt sie Gottfried von Berlichingen, den Vorkämpfer ritterlicher Gesinnung, und wird seine Todfeindin. Ihr Wort „Ritterpflicht — Kinderspiel" läßt die Kluft er=

kennen, die zwischen ihrer Welt und der Berlichingens gähnt. In den beiden überragenden Gestalten der Adelheid und des Berlichingen verdichten sich die Lebenselemente und -ziele ihrer Zeit. **In Adelheid und Gottfried bekämpfen sich Greisenalter und Mannesalter.**

§ 26. Adelheid: ihre Entwicklung.

Adelheid von Walldorf ist bei ihrem Erscheinen in der Dichtung seit vier Monaten Witwe, ist kinderlos und hält sich, um sich zu zerstreuen, am Hofe des Bamberger Bischofs auf. Von dem Anschluß an den Kreis um diesen geistlichen Fürsten erhofft sie auch Unterstützung gegen die fehdelustigen Ritter, die sich gewaltsam in den Besitz ihrer Güter gesetzt haben. Inmitten der reichsfürstlichen Herren am Hofe, die mit ihr die Träger des Geistes der neuen Zeit und daher gleich ihr unversöhnliche Feinde der Reichsritterschaft, der Vertreter des Mannesalters, sind, fühlt sich Adelheid in ihrem Element; zu den Fürsten, an den Hof drängt sie ein starker Zug ihres Wesens. Hier winkt ihr auch die Erfüllung ehrgeiziger Wünsche und Absichten. Darum nimmt sie bald regen Anteil an der Politik der Männer. Es dauert nicht lange, bis sich Adelheid am Bamberger Hofe eine angesehene Stellung geschaffen hat. Der Zwang ihrer Persönlichkeit tut seine Wirkung. Ihr Wort gilt, Fürsten und Herren lieben und ehren sie.

In einer kritischen Zeit ist Adelheid im Bamberger Hofkreis erschienen. Es sind die Tage, in denen Adelbert von Weislingen in Gottfrieds Gewalt geraten ist. Bevor die Kunde hiervon nach Bamberg gelangt, hat Adelheid schon soviel Rühmendes und Schmeichelhaftes über Weislingen gehört, daß in ihr der Wunsch wach wird, diese Quintessenz des männlichen Geschlechtes, diesen Phönix Weislingen zu Gesichte zu kriegen. Und als sie gar erfährt, daß Gottfried Weislingen wieder ganz eingenommen habe und daß Weislingen entschlossen sei, dem Bamberger Hofkreis für immer fernzubleiben, da sieht Adelheid ihrem Ehrgeiz ein Ziel erstehen. Sie stellt ihre

143

Schönheit in den Dienst politischer Zwecke. Durch Franz läßt sie unbekannterweise einen Gruß an Weislingen bestellen und willigt darein, daß Liebetraut sie als Lockmittel benütze. Die Kunde, Weislingen sei wieder in Bamberg, spannt ihre Neugierde, ihn zu sehen, denn sie erwartet, in ihm den tätigen, hervorragenden Mann kennen zu lernen, nach dem ihr Ehrgeiz verlangt.

Weislingens erster Eindruck auf sie ist günstig, ja sie wähnt, daß er seinen Ruf noch übertreffe. Mit regem Interesse folgt sie seinem Tun und Treiben, wirft ihre Netze aus und sieht ihn bald genug darin gefangen. Aber nach kurzer Zeit schon muß sich Adelheid gestehen, daß sie sich in den Erwartungen, die sie auf diesen vermeintlich starken Mann gesetzt hat, getäuscht habe. Aber dennoch, obwohl sie fühlt, daß sie Weislingen nicht liebe, und wenngleich sie ihn nicht zum Manne haben möchte, ist sie irgendwie an ihn gefesselt, so daß sie will, daß er bleibe. Als der Bedeutendste am Hofe erscheint er ihr doch begehrenswert. Vielleicht ahnt sie auch, daß eine andere Frau Weislingen an sich gekettet habe, und ihr Ehrgeiz sträubt sich dagegen, daß eine andere stärkere Anziehung ausübe als sie selbst. Und dann — sollte Gottfrieds ritterliche Größe mächtiger wirken als der Eindruck ihrer eigenen Persönlichkeit? **In Adelheid nimmt das volle Greisenalter mit dem voll ausgeprägten Mannesalter den Wettstreit um die Seele Weislingens auf.**

Es beginnt ein bewegtes Hin und Her, ein hartnäckiger, versteckter Kampf zwischen Adelheid und Weislingen. In Adelheid steht der Entschluß fest, Weislingen, der, um nicht bundbrüchig und ehrlos zu werden, zu Gottfried zurückstrebt, nicht fortzulassen. Sie setzt alle Mittel ein, um ihn festzuhalten. Mit geheuchelter Kälte, scheinbarer Entfernung, mit Spott, mit dem ihm entgegengeschleuderten Worte „ich hasse Euch", mit allen Ränken spielt sie, überlegen, in schlauer Berechnung. Sie weiß, wenn Weislingen noch zu halten ist, dann ist's auf diesem Wege. Den Willen des Schwankenden lähmt sie vollends dadurch, daß sie ihn mit großer Klugheit an seiner empfindlichsten Stelle trifft: Adelheid packt Weislingen an seinem Ehrgeiz, indem sie ihm Gottfrieds Überlegenheit und dieser gegenüber seine eigene Schwäche und Mattherzigkeit vor Augen stellt. Schnell fühlt sie heraus, daß sie ihm mit Vorwürfen über seine Bindung an den „Feind des Reiches und des Kaisers", den „Räuber", nicht beikommen kann. Ein zuverlässigeres Mittel, auf Weislingen zu wirken, hat ihr Scharfsinn erkannt: sie hämmert ihm ein, er werde, wenn er sich nicht von Gottfried freimache, der Sklave eines Edelmanns werden, da er doch Herr von Fürsten sein könne. Es ist, als bohre sie ihm seine geheimsten Ängste und Bedenken aus der Seele, wenn sie unbarmherzig in ihn dringt mit den Worten, Gottfried, der reckenhafte Ritter mit der hohen, unbändigen Seele werde ihn, den Nachgiebigen, Freundlichen, Gefälligen, Liebreichen und Sanftmütigen, beizeiten völlig beherrschen. Dem erliegt Weislingen; er bleibt. Was der Bischof nicht vermocht hat, dem Dämon in Adelheid ist es gelungen. **Das Greisenalter beginnt die Oberhand über das Mannesalter zu gewinnen.**

Eine Zeitlang leben Adelheid und Weislingen am Hofe nebeneinander her, ohne daß Weislingen die Kraft zu einer bedeutenden Leistung findet. Vergebens wartet Adelheid auf seine hervorragende Wirksamkeit. Zunächst entschuldigt sie ihn mit der Überlegung, der Unfall seiner Gefangennahme durch Gottfried liege ihm noch so neu auf dem Herzen, daß er sich dadurch in seinem Betätigungsdrange gehemmt fühle. Als es aber mit ihm von Tag zu Tag schlimmer zu werden scheint, da gehen Adelheid die Augen dafür auf, daß Adelbert nicht, wie sie ehedem geglaubt hatte, der Mann sei, der die Geschäfte eines Fürstentums belebe, der sich und seinen Ruhm nicht vergesse, der auf hundert großen Unternehmungen wie auf übereinander gewälzten Bergen zu den Wolken hinaufsteige. Ihre tatengierige, gespannte Natur leidet unter dieser Schlaffheit, unter der Langeweile ärger als unter einem kalten Fieber. Sie ist seines Umgangs müde und droht Weislingen, ihm ihre Gunst, die nur einem Manne nach ihrem Sinne zukomme, zu entreißen. Und doch läßt sie ihn, als er aus ihren Augen in die Einsamkeit flüchten will, nicht gehen; denn noch hält sie nicht alle Hoffnung für verloren. Wieder greift sie die verwundbare Stelle seiner Natur an: sie stellt ihm vor, daß er unter Gottfrieds Größe leide. „Wenn er die Geige spielt, wollen wir die Flöte blasen, eine Virtuosität ist die andere wert." Mit leidenschaftlichen Worten feuert sie ihn zur Tat an, stachelt sie ihn auf zum Vernichtungskampf gegen seinen früheren Jugendfreund. Da ist es, als ob ein Funke von ihrer Glut zündend auf Weislingen überspringe. Mit einem Schlage ist er wie verwandelt. Sein Wesen scheint aufgegangen in dem dämonischen des Weibes. Sein Ehrgeiz flammt auf, er brennt von ihrer Begier, etwas Großes zu tun, er ist trunken von ihrem Tatendrang. Alle Bestandteile des Greisenalters in seiner Seele sind entfesselt. Adelheid ist zufrieden mit ihrem Erfolge. „So höre ich Euch gern; mich deucht, ich sähe einen auferstandenen verklärten Heiligen in dir." Ihr Ehrgeiz, Weislingen in ihre Gewalt zu bekommen, ist gestillt. Frohlockend führt sie den nun erst ganz Wiedergewonnenen vor den Bischof, um das lodernde Feuer zu nutzen, die vernichtende Waffe gegen Gottfried, ihren Todfeind, zu schmieden. Adelheid hat erreicht, was sie begehrte. An der Seite eines Mannes, der vor nichts zurückscheut, hält sie selbst die Fäden der großen Politik in Händen.

Angespornt vom Geiste der Entschlossenheit der dämonischen Adelheid geht Weislingen nach Augsburg, um auf dem dort gehaltenen Reichstag im Sinne seiner und Adelheids politischen Pläne gegen Gottfried und die anderen Reichsritter, seine früheren Standesgenossen, zu wirken. Bald berichtet er von dort an Adelheid, daß es ihm gelungen sei, den Kaiser zu zwei Reichsexekutionen zu überreden, die eine gegen Gottfried und die andere gegen die gewaltsamen Besitzer von Adelheids Gütern. Sie frohlockt: „Das ist mein Werk. Wohl dem Menschen, der stolze Freunde hat!" Sie beschließt, Weislingen zum Gatten zu nehmen. Wenn sie sich auch nicht im unklaren ist über die Schwächen seiner Natur, so scheint sie doch seiner neuerwachten Tatenlust zu trauen und in ihm jetzt den Mann zu sehen, mit dem im Verein sie anderen hohen ehrgeizigen Plänen nachstreben könne. Bald ist sie mit Weislingen verheiratet.

Als Adelheid von dem Ausgange des Heilbronner Gerichtsverfahrens gegen Gottfried, von der Nachsicht des Kaisers gegen ihren Todfeind erfährt, gerät sie in leidenschaftlichen Zorn. Sie sieht die Erfüllung ihres ehrgeizigen Planes durch die — wie ihr scheint — Schwäche des alternden Kaisers ins Unbestimmte hinausgerückt. Sie hält nicht zurück mit bitteren Worten gegen Maximilian. Gespannt auf die weitere Entwicklung der politischen Begebenheiten legt sie ihrem Gatten, den die durch die schwere Erkrankung des Kaisers vermehrten Geschäfte von neuem nach Augsburg rufen, nahe, ihr bald Nachricht zu senden.

Kurz darauf stirbt der Kaiser, und Weislingen, der dadurch die Hände voll zu tun hat und mitten in die politischen Geschäfte, die wohl die absolutistische Politik der Reichsfürsten fördern sollen, hineingezogen wird, wünscht die Gegenwart seiner Gemahlin, von deren politischem Sinn er Unterstützung erhofft. Er schickt Franz mit drei Reitern zu Adelheid, um sie holen zu lassen. Franz ist beglückt über diesen Auftrag, denn seine schwärmerische Verehrung für die schöne Frau ist durch die Sinnlichkeit, die ihr Wesen atmet, längst in Liebesleidenschaft verwandelt worden. Adelheid, der dies nicht entgeht, nährt in frivoler Weise das Feuer in dem Jüngling, um ihn als gefügiges Werkzeug benützen zu können. Bereitwilligst folgt sie dem Rufe ihres Gatten. Er ist ihr willkommen, winkt ihr doch in Augsburg Gelegenheit, ihre politischen Pläne zu fördern.

Auf dem Ritt nach Augsburg kommt Adelheid von ihrem Gefolge ab, verirrt sich in einen Wald und sieht sich plötzlich mitten unter den Zigeunern. Der höfische Glanz des überkultivierten Fürstenkreises leuchtet grell auf unter den primitiven Gestalten. **Greisenalter und Kindheit sind einander wirkungsvoll gegenübergestellt.** Der Dichter benützt diese Gelegenheit, um uns an diesem Abstand die Entwicklung des deutschen Volkes deutlich zu machen und unterstreicht damit den geschichtsphilosophischen Gedanken. — Für einen Augenblick erschrickt Adelheid, um sich aber bald wieder zu fassen, als sie gewahr wird, daß diese Leute menschenfreundlicher sind als sie aussehen. Die Zigeuneralte weissagt ihr aus der Hand, daß sie drei Männer haben werde und daß ihr eins im Wege stehe, das sie jetzt liebe. Diese Worte erhellen ihr inneres Verhältnis zu Weislingen. Sie erkennt die weltweite Kluft zwischen sich und dem Manne, der kein echter Mann ist.

Da erscheint Sickingen wie ein Heiliger des Himmels. Blitzartig befällt sie das Gefühl, Sickingen sei es, der ihr Wunschbild eines Mannes verwirkliche, er sei der Mann, den sie vergeblich hinter Weislingens Gestalt gesucht habe. In der Kraftnatur Sickingens verspürt Adelheid den Geist des starken Mannesalters. **Sie begehrt, diese Kraft in das Greisenalter herüberzuziehen,** sich dienstbar zu machen. Es ist der entscheidende Augenblick in ihrem Leben, der noch bedeutsamer dadurch wird, daß sie von der Zigeunermutter das Gift erhält, mit dem sie alles, was ihr im Wege steht, vernichten kann.

Adelheid und Sickingen führt der gleiche Weg nach Augsburg. Ritterlich bemüht sich Sickingen um die schöne Frau. Franz wird es gewahr, und jäh flammt heiße Eifersucht in ihm auf. Dieses Gefühl wird ihm zur grausamen Qual, als er später Adelheids Auftrag befolgen soll, Sickingen heimlich in der Nacht in ihr Schlafgemach zu führen. So rasend es in ihm lodert, er muß ihr folgen. Auch Franz ist ein Sklave des dämonischen Weibes. Der Zauber ihres Wesens ist mächtiger als sein persönlicher Stolz und verscheucht das Gefühl der Treue, mit dem er an seinem Herrn hängt. Sie bannt die Hemmungen in Franzens Seele mit der Aussicht auf den schönsten Lohn, und er fliegt davon, nun ihm die Erfüllung seines leidenschaftlichen Verlangens winkt.

Ohne Rücksicht auf andere noch sogar auf sich selbst, drängt Adelheid zum Ziele, ihre Liebesleidenschaft, in der sie für Sickingen brennt, zu stillen. Erst die Kraftnatur Sickingens konnte die Leidenschaft dieses Weibes wachrufen. Frei von jeder edleren Regung ergießt sie sich in hemmungsloser Sinnlichkeit. In einer düsteren, sternenlosen und stürmischen Nacht, während Franz im Vorzimmer ihr Verbrechen bewacht, finden sich Adelheid und Sickingen in sündiger Neigung und laden die Schuld des Ehebruchs auf sich. Jetzt, da Sickingen, der ihr als der schönste und würdigste Mann erscheint, in ihren Armen liegt, flammt Adelheid in lodernder Liebesleidenschaft auf. Ihr sinnliches Verlangen spottet jedes Maßes und jeder Beschränkung und scheut vor nichts zurück. „Wenn ich wüßte, das sollte das letzte Mal sein, ich wollte dich trotz dem verräterischen Tage in meinen Armen festhalten." Sickingen ist ihr Ideal, Weislingen wird zum Schatten neben ihm. In Adelheids Seele brennt der Wunsch und erwacht der starke Wille, Sickingen völlig zu besitzen. Dieses Ziel vor Augen, schreitet sie über jedes Hindernis hinweg. Weislingen, der zwischen ihr und ihrem Glücke steht, muß in den Boden hinein; ihr Weg geht über ihn hin.

Adelheid erfährt von der Niederwerfung der aufständischen Bauern und der Gefangennahme Gottfrieds von Berlichingen. Als ihr Weislingen gar noch berichtet, er sei zum obersten Kommissarius ernannt worden, und sie nun weiß, daß ihm damit jede Gewalt in die Hand gegeben ist, da jubelt sie im Innern auf in der Gewißheit, bald den endgültigen Triumph über ihren Gegner Gottfried, den Mann des Mittelalters, zu erleben. Weislingens Bedenken und innerer Scheu, das Letzte gegen seinen ehemaligen Jugendfreund zu veranlassen, begegnet sie mit beherrschender Überlegenheit und rücksichtsloser Grausamkeit. Jetzt, da ihrem Ehrgeiz in seinen höchsten Absichten die Erfüllung bevorsteht, wo sie über ihren Todfeind Gottfried triumphieren soll und den ungestüm begehrten Sickingen erlangen will, tut sich der ganze Abgrund ihrer teuflischen Seele auf. Der seit langem im Verborgenen schwelende Haß gegen Weislingen, den Mann, der ihrem Ideal nicht entspricht, schlägt in offener Flamme zutage. Voll Verachtung für die laue Halbheit Weislingens schleudert Adelheid ihm die Worte ins Gesicht: „Du bist von jeher der Elenden einer gewesen, die weder zum Bösen noch zum Guten einige Kraft haben." Er ist ihr ein zu fauler Geselle, als daß sie ihn auf der Reise länger fortschleifen wolle. Wohl ringt sich aus Weislingens Seele in der Erkenntnis des höllischen Feuers in Adelheids englischem Körper ein Aufschrei der Empörung los — am Ende erfüllt er doch in sklavischer Unfreiheit den Willen des dämonischen Weibes. Er unterschreibt Gottfrieds Todesurteil. Adelheid sieht ihren Todfeind fallen. Mit Gottfried bricht das Mannesalter zusammen. Stärker als alle männliche Kraft sind der greisenhafte Geist und die unedle Gesinnung der neuen Zeit, die in der weiblichen Dämonie Adelheids zu wuchernder Entfaltung gekommen sind.

Der reckenhafte Reichsritter Gottfried von Berlichingen liegt am Boden, die Manneszeit der deutschen Geschichte ist überwunden. **Sieghaft in ihrer sittlichen Entartung ragt die glänzende Gestalt der Adelheid empor — sie als der Inbegriff der neuen Zeit, der das historische Recht gehört.** Als willenloses Werkzeug in der Hand des herrschenden Weibes war Weislingen bestimmt, dem Sieg der neuen Zeit den Weg bereiten zu helfen. Weislingen hat im Dienste der Adelheid entgegen seinem Willen, aber durch den Geist der Schwäche in seiner Widerstandskraft gebrochen, im Sinne geschichtlicher Notwendigkeit, seine Rolle gespielt. Adelheid ist jetzt, mit der unbestrittenen Herrschaft ihrer Zeit, am Ziel. Damit wäre auch die Aufgabe dieses Weibes im Sinne des historischen Naturalismus erledigt. Die Linie der geschichtlichen Entwicklung des deutschen Volkes ist entsprechend dem Herder-Goetheschen geschichtsphilosophischen Grundgedanken am Tiefpunkt des Greisenalters und damit am Ende der Bewegung einer Welle angelangt.[1]

---

[1] Vgl. hierzu S. 13!

Indes Adelheid strebt in der Entfaltung ihrer Anlagen zu einer derartigen **subjektivistischen Übersteigerung**, wie sie nur auf dem individualistischen Daseinsgrund des Greisenalters möglich ist, empor, daß sie ihre Zeit in einzigartiger Gestaltung überragt. Es wird an diesem Weibe offenbar, wohin der Geist der neuen Zeit, wenn er im Zuge seiner Bewegungsrichtung zur äußersten Entfaltung drängt, schließlich gelangen muß.

Adelheid häuft Verbrechen auf Verbrechen. Während Weislingen noch unter den Wirkungen des Giftes, das ihm Adelheid gereicht hat, in entsetzlichen Todesqualen vergeht, schenkt sie dem Pagen ihres Mannes das Glück einer Liebesnacht. Franz, in dessen Seele die leidenschaftliche Sinnlichkeit der neuen Zeit brennt, verlangt in heißer Begier nach dem Liebesglück mit diesem Weib, dessen dämonischer Zauber auch ihn gepackt hat. Adelheid hat die lodernde Neigung des Jungen längst erkannt und spielt in frevelhafter Weise mit diesem Feuer. Um Franz, der schon zu viel weiß, den Mund zu stopfen, aber auch um eine in ihr aufwallende sinnliche Regung zu befriedigen, gibt sie sich ihm hin. Die niedrige Natur der Adelheid ist vollkommen entfesselt und verzehrt jede sittliche Bindung. Aber sofort besinnt sie sich wieder in nüchterner Überlegenheit auf die Folgen der sinnlichen Aufwallung ihres Blutes. Schaudernd erkennt sie, daß ihr Franzens ungestüme Leidenschaftlichkeit, der sie nachgegeben hatte, in der Verfolgung ihrer weiteren Ziele schaden könne. Sie kann jetzt nicht mehr auf halbem Wege stehen bleiben, sondern in kecker Vermessenheit schreitet sie auf der Bahn des Verbrechens weiter. Es gibt für sie kein Zurück. „Ich habe mich hoch ins Meer gewagt und der Sturm fängt an fürchterlich zu brausen. Zurück ist kein Weg! Weh! Weh! Ich muß eines den Wellen preisgeben, um das andere zu retten. Die Leidenschaft dieses Knaben droht meinen Hoffnungen." Ihr graut vor keinem Morde mehr. Mit unheimlicher Kälte faßt sie den Entschluß, auch Franz aus der Welt zu schaffen. „Eben der Zaubergift, der deinen Herrn zum Grabe führt, soll dich ihm hinterdrein bringen."

Ohne jedes sittliche Bedenken, wächst Adelheid mit ihren Greueltaten über alles Menschliche hinaus. Die Glut des Unedlen in ihr schlägt in lodernder Flamme empor und verzehrt alle Hemmungen und Bindungen, mit denen sie, solange es ihr Verstand und ihr Wille geboten, den leidenschaftlichen Drang ihres Wesens in Schranken hielt. **Adelheid ist zu solcher Größe im Bösen entartet, daß in ihr das Greisenalter zur Vollendung gelangt und jedes Maß überschreitet.** Ihre gemeinen Verbrechen sprechen jedem menschlichen Empfinden Hohn. Es besteht kein Gericht, das, auf der Norm von Herkommen und Erfahrung begründet oder auf rechtsgelehrten Sätzen aufgebaut, über die Sünden dieses Weibes den Spruch fällen könnte. **Es wird das natürliche Rechtsgefühl von Adelheids Verbrechen auf den Plan gerufen. Das heimliche Gericht, die Feme,**[1]) das gleich der Stimme Gottes im Menschen aus unverdorbenem, natürlichem Empfinden heraus sich auflehnt gegen die Versündigung an den heiligsten Gütern des Lebens, ist allein berufen, Adelheid zu richten. Die Feme verurteilt sie zum Tode.

Adelheid verlebt eine qualvolle, schlaflose Nacht. Nun ihr nichts mehr zu tun bleibt, als die Erfüllung ihres Verlangens nach dem Besitze Sickingens zu erwarten, fühlt sie sich allein, müde und ruhelos umhergetrieben. Ihre mächtigen Leidenschaften, sonst ihrer Seele Gesellschaft genug, daß sie in der fürchterlichsten Hölle nicht allein gewesen wäre, schlafen auf einmal und sie fühlt sich nackend stehen wie ein Missetäter vor Gericht. Ihr Blut wird von seltsamen Ahnungen wie von einem Sturm herumgetrieben. Diese Ahnungsgefühle, die ihr aufgeklärter Verstand sonst nie hatte zur Wirkung kommen lassen, überkommen Adelheid nun vor ihrem Ende genau so, wie sie in Gottfried und Weislingen laut wurden. In dieser Stunde grausamster seelischer Bedrängnis wird der im tiefsten Innern selbst von Adelheids Seele noch schlummernde Keim eines natürlichen Gefühles wach. Jetzt, da sie auf dem Gipfel der Ruchlosigkeit des Greisenalters

---

[1]) Siehe S. 47 Anm. 1.

steht, regt sich das ursprünglichste menschliche Empfinden in ihr. Wie sie als Gemeinschaftswesen das auf natürlichem Rechtsgefühl beruhende heimliche Gericht (Stimme Gottes) aufgerufen hatte, so ersteht ihr in ihrer Angst und Qual ein persönlicher Richter und Rächer in ihrer eigenen Brust.

Die Erinnerung an ihre Opfer beengt sie. Ihre Gedanken landen bei Sickingen und sie schläft ein. Da erscheint ihr Franzens Geist; sie sieht ihn in Todesangst, erwacht voll Schrecken und — erblickt den Mörder. Eine heiße Angst um ihr Leben befällt sie. Sie bietet ihm ihr Geld, ihre Juwelen, sie fleht ihn auf den Knieen an um ihr Leben. Der Mörder ist von ihrer Schönheit betroffen. Er verspricht ihr Gnade für eine Umarmung. Diese Schmach enthüllt Adelheid die Nichtswürdigkeit ihres ganzen Lebens. „Mein Maß ist voll. Laster und Schande haben mich wie Flammen der Hölle mit teuflischen Armen umfaßt. Ich büße, büße. Umsonst suchst du Laster mit Laster, Schande mit Schande zu tilgen. Die scheußlichste Entehrung und der schmählichste Tod in einem Höllenbild vor meinen Augen!"

Doch schnell findet sie ihre Nüchternheit und Berechnung zurück. Ein Strahl von Rettung! Sie geht nach dem Bett, als wolle sie der Bitte des Mannes Gehör geben. Als er ihr folgt, greift sie rasch nach einem Dolch und sticht ihn. Mit dem Worte: „Bis ans Ende Verräterin! Die Schlange!" fällt der Femerächer über sie her und erdrosselt und erdolcht sie.

§ 27. Der Bischof von Bamberg.

Das Greisenalter des deutschen Volkes als eine Zeit der Schwäche in allen Lebensäußerungen und des sittlichen Niedergangs findet im **Hofe des Bischofs von Bamberg** eine typische Ausprägung. Alle Züge greisenhafter Schwäche kommen dort als an einem sozialen und politischen Mittelpunkt der neuen Zeitverhältnisse zu einem eigentümlichen Niederschlag. Um den Bischof scharen sich die Vertreter der neuen Zeit und verkörpern den Geist der herrschend gewordenen Lebensart.

Der Bischof von Bamberg selbst ist eine entnervte Gestalt, der der Kern eigenwüchsiger, persönlichkeits= gestaltender Kraft fehlt. Er ist ein **schwächlicher, leerer Vertreter des geistlichen Reichs= fürstentums der neuen Zeit**, der den Man= gel eigener Geltung durch den Glanz äußerer Macht und höfischen Glanzes zu ersetzen weiß. So zieht der Bischof die Träger sozialer Geltung und politischer Be= deutung an seinen Hof und läßt sich von deren Glanz bestrahlen. Geistliche Würdenträger und sonstige aus der ständischen Gesellschaft hervortretende Persönlich= keiten inmitten einer Schar von Hofleuten bilden seine ständige Umgebung.

In kraftloser Untätigkeit und schran= kenloser Genußsucht erschöpft sich das Leben an diesem Fürstenhof. Bei üppigen Gelagen, bei denen der Wein reichlich fließt, in unfruchtbaren, spitzfindigen Unterhaltungen, die hin und wieder ein wenig anständiger Witz würzen muß, beim Schach= spiel verstreichen dem Bischof und der Hofgesellschaft die Tage.

Inmitten eines solchen Kreises können die Eitelkeit und das ehrgeizige Gelüsten des Bischofs zur Geltung kommen. Er ist ein neidischer und eigensinniger Pfaff, der eine Erniedrigung nicht scheut, um seinen ehrsüch= tigen Absichten Genüge zu verschaffen. Er geht in trägem Müßiggang auf, und das bißchen Verstand, das ihm Gott schenkte, hat er nur ein Quart des Tages in seiner Gewalt, das übrige verzecht und ver= schläft er. Selbst ohne sittlichen Halt, vergnügen ihn lockere und anzügliche, nicht immer sehr geistvolle Lieder.

In seinem sonst so genießerisch=trägen Leben wird der Bischof nur durch die Verfolgung weltlicher Poli= tik in einiger Spannung gehalten. **Er ist der typische Vertreter der politischen Ge= sinnung der Reichsfürsten und ihres absolutistischen Ideals.**

In der Durchführung seiner politischen Unterneh= mungen ordnet der Bischof, skrupellos in der Wahl seiner Mittel, alles seinem absolutistischen Macht=

streben unter. Dieser durchaus selbstischen Politik gegenüber ist sein Interesse an der Ruhe und dem Frieden des Reiches nur scheinbar. In Wirklichkeit gehen ihm die Rücksicht auf die Ausbreitung seiner Herrschaft, auf seinen persönlichen Vorteil, über das Glück des Volkes. Wenn er den Verordnungen des Kaisers zur Herbeiführung ruhiger Zustände im Lande zustimmt, so tut er es nur, um gleich den anderen Fürsten dann besser seine egoistische Politik betreiben zu können.

Die Reichsritter sind des Bamberger Bischofs natürliche politische Gegner. Sie müssen ihm auch persönlich zuwider sein, da er ahnt, wie sehr ihm die Ritter an urwüchsiger Kraft und ritterlichem Edelsinn überlegen sind. Es ist die natürliche Abneigung des schwächlichen Greisenalters gegen den entgegengesetzt gearteten Geist der Manneszeit. Seit vielen Jahren ist Gottfried von Berlichingen ein unversöhnlicher Feind des Bischofs.

Diesem geistlichen Fürsten war der Erlaß des Landfriedensgesetzes ebenso willkommen wie den andern Fürsten; ja, er war es gerade, der auf dem Reichstag zu Worms dem Kaiser die Ohren volllärmte und wie kein anderer das Maul aufriß, um den Landfrieden zu veranlassen. Doch kehrt er sich später, wenn er seinen egoistischen Absichten im Wege steht, selbst nicht daran. Das Fehderecht will auch der Bischof gebrochen sehen, denn er fühlt sich in seinem Machtstreben durch die übermütigen und kühnen Ritter beengt. Aus dem Bischof spricht durchaus der Geist der neuen Zeit, wenn ihm als ideales Rechtsgebaren das des Reichskammergerichts höchst willkommen ist. In der rechtsgelehrten Bürokratie erkennt er das geeignete Mittel, die auf ihre ständischen Rechte pochenden Ritter zu unterdrücken. Er zieht Vertreter des neuen Rechts an seinen Hof, wobei er allerdings bei aller Begeisterung für das neue Recht so wenig unterrichtet ist über den codex iuris, daß er glaubt, Kaiser Justinian wäre ein Zeitgenosse, und ihn mit allen Doctores iuris hochleben läßt. Es geht dem Bischof nicht ein, daß sich das natürliche Rechtsempfinden des deutschen Volkes auflehnen muß gegen die neuen, aus dem rationalistischen und absolutistischen Geiste entsprungenen Rechtseinrichtungen.

§ 28. Der Abt von Fulda und der Kurfürst von Mainz.

Der Abt von Fulda veranschaulicht so recht das Unmaß des schlemmerischen Lebensgenusses in der neuen Zeit. Das Weinfaß von Fuld, wie er genannt wird, ist in der Tat nicht viel mehr als ein Weinfaß. Denn das, was ihn zum Menschen erhebt, der Geist, ist bei ihm längst im Wein ertrunken. Der Abt ist fast vollständig verblödet vor unmäßigem Weingenuß. Er kann keinen klaren Gedanken fassen, besinnt sich auf keinen Namen, gibt keinem eigenen Gedanken Ausdruck, hat keine selbständige Meinung, plappert höchstens schwerfällig triviale Dinge und hat eine mächtige Achtung vor Buchwissen und Wortgelehrsamkeit. Er scheint kein Gefühl zu kennen als das der Liebe zu seinem Glase, keinen Willen als den, immer noch ein Gläschen zu trinken. Seine politische Anschauung erschöpft sich darin, daß er in denen, die seine Ruhe zu stören drohen, Kerle sieht, und daß er die schwer vorstellbare Befürchtung hegt, sie könnten ihn am Ende noch in den Sack stecken. Jedermann hänselt und verspottet ihn, ohne daß er es merkt, ohne daß es zumindest Eindruck auf ihn macht. Kein Erleben kann ihn mehr aus seiner trägen Stumpfheit aufstören, der Abt von Fulda trinkt immer noch ein Gläschen.

Der Kurfürst von Mainz, der Wortführer der geistlichen und weltlichen Fürsten auf dem Reichstag zu Augsburg, stellt den verstandesstarken, rhetorisch ungemein gewandten, schlau berechnenden, skrupellosen Fürsten dar, der den Verdacht witternden Kaiser mit überlegener Geste in das feingesponnene Netz seiner Beteuerungen einfängt. In Wahrheit will er nur eines: erreichen, daß die Fürsten ungehindert durch Kaiser und Reich und nicht gestört durch die Reichsritter ihrer absolutistischen Territorialpolitik nachgehen können.

§ 29. Liebetraut.

Aus der Schar der Hofleute, die zur ständigen Umgebung des Bamberger Bischofs gehören, tritt als besonders gezeichneter männlicher Vertreter Liebetraut hervor. Auch sein Wesen ist durchaus vom Geist der neuen Zeit erfüllt. Vor allem zwei Züge sind es, durch die sich seine Gestalt deutlich als Typus des Greisenalters kennzeichnet. Einmal ist er durchaus Verstandesmensch, zum andern findet die verderbte Sinnlichkeit des Greisenalters in ihm ihren bemerkenswerten Ausdruck.

Liebetraut wird vom Dichter deutlich als Verkörperung der neuzeitlichen Verstandeskultur dargestellt. Er trägt nicht den leisesten Zug einer gefühlsmäßigen Veranlagung; wohl aber bestimmt der scharfe, klare und kritisch-zersetzende Verstand seine Natur. Dieser **Höfling, der reine Typus des aufgeklärten Verstandesmenschen,** unterwirft das ganze Leben der kritischen Tätigkeit seines durchdringenden Intellekts. Liebetraut ist getrieben, allen Dingen auf den Grund zu sehen; in allen Lebenslagen ist sein Verstand wach. Er schaut den Menschen in die Seele; er kennt ihre Schwächen und vermag darum Einfluß auf sie zu gewinnen, um so mehr, als er in alle Pfiffe und Schliche des Hoflebens eingeweiht ist. Dem Bischof begegnet er mit überlegenem Witz; er durchschaut Adelheid, und durch Liebetraut als eines seiner wirksamsten Lockmittel greift das Greisenalter mit Erfolg nach Weislingen aus.

Liebetraut hat einen ungetrübten Blick für die Sinnesart der fürstlichen Reichsstände und die des Bamberger Hofkreises im besonderen. Mit eindringlicher Klarheit erkennt er den Geist seiner Zeit. Er weiß, daß Schwäche im letzten Grunde alle Lebensäußerungen bestimmt und daß der Zeit die starken, männlichen Triebkräfte fehlen. Ihm ist bewußt, daß sich seine Umgebung zu keiner kraftvollen Leistung aufraffen kann, sondern daß die Verdienste der Ahnen herhalten müssen, die leeren Seiten des Charakters der Fürsten zu tapezieren. Er geißelt die Trägheit und Schlaffheit des deutschen Adels, wie überhaupt den Geist der Schwäche in seiner Zeit, mit überlegenem Spott. Mit beißendem Witz deckt er die Charakterlosigkeit der Fürsten auf und gelangt aus seiner tiefen Kenntnis des Geistes des Niedergangs auf allen Lebensgebieten heraus zu einer durchaus skeptisch-ironischen Einstellung der Welt gegenüber.

Bezeichnend ist das Lied, mit dem Liebetraut die Hofgesellschaft unterhält und ihr ihr schwächliches und entartetes Lebensideal vor Augen stellt. Dem idealen Rittertum gegenüber, das im frohen und wagemutigen Kampf aufgeht, preist er mit Spott das galante Liebesabenteuer des entnervten Hofmanns, der auf unblutige Weise im Felde und in der Liebe billige Lorbeeren erstreitet. Wenngleich sich Liebetraut der Unzulänglichkeit dieses höfischen Lebensideals bewußt ist, so stellt er sich doch selbst in dessen Dienst. Er gehorcht mit seinen Fähigkeiten dem natürlichen Zug der neuen Zeit, wenn er sich als Lockmittel zur Gewinnung Weislingens gebrauchen läßt.

Dem niederziehenden Geist des Greisenalters mit tatkräftiger Entschlossenheit zu begegnen, vermag und will auch er nicht; dazu versagt ihm der auch in ihm lebendige Geist der Schwäche die Kraft. Am Bamberger Hofe lebt er, gleich den andern Hofleuten dem Hange seines Wesens zu müßiger und genießerischer Lebensführung hingegeben. Seine besonderen verstandlichen Fähigkeiten und die meisterliche Art, den überlegenen und schlagfertigen Witz zu beherrschen, weisen ihm am Hofe besondere Geltung zu. Geschickt weiß er sich in die Rolle eines Spaßmachers zu begeben, und in dieser Eigenschaft kann er sich die Freiheit nehmen, der Hofgesellschaft die boshaftesten Wahrheiten zu sagen.

Seine geistvoll-spitzfindige Art zu reden und seine dialektische Gewandtheit erlauben Liebetraut kecke Dreistigkeit in der Anwendung seiner Redekünste. Vor allem aber sind seine Worte gewürzt mit den Äußerungen einer lockeren und anstößigen Lebensauffassung. Die sittliche Entartung und der Mangel jeder edleren Regung in seiner Zeit kommen in der Gestalt Liebetraut zum beredten Ausdruck. Dieser Hofmann verkörpert die lockere Lebensauffassung des oberflächlichen Mannes von Welt, des sittlich-unbekümmerten Kavaliers. Liebetraut ist der Typus des Libertins, in dem der Dichter die sittliche Entartung des Greisenalters veranschaulicht.

§ 30. Olearius.

In dieser Gestalt kommt die Rechtsanschauung, wie sie notwendig der Verstandesherrschaft im Greisenalter entspricht, zum Ausdruck.

Aus bürgerlichem Stande hervorgegangen, ist Olearius gleich andern Bürgerlichen von dem Ehrgeiz erfüllt, den Mangel der Geburt durch Gelehrsamkeit zu ersetzen. Er studiert die Rechte auf der Akademie zu Bologna, einer der Hochschulen, die, ganz im Geiste der auf die Spitze getriebenen Verstandesaufklärung der neuen Zeit, einem lediglich formalistischen Bildungsziel zustreben. Mit rühmlichem Fleiß sind die adligen und bürgerlichen Studierenden aus Deutschland bestrebt, in verstandesmäßiger Buchgelehrsamkeit groß zu werden. Pflege und Schulung des diskursiven Verstandes herrschen durchaus vor, und der erfreut sich besonderer Wertschätzung, der an dialektischer Gewandtheit und Disputierfähigkeit die andern überflügelt.

Ganz aus dieser begrifflich-gelehrten Einstellung heraus wird in Bologna das Recht gelehrt. Das ideale Recht stellen die starren formalen Sätze der römischen Jurisprudenz dar. Das corpus iuris Justiniani, das sie ein fürtreffliches Werk, das Buch aller Bücher heißen, gilt den Vertretern des neuen Rechts als Inbegriff aller Rechtsanschauung überhaupt. In diesem Geiste geht auch Olearius auf. Als Doktor beider Rechte und nachdem er dem Beispiel und dem Rat würdiger Rechtslehrer folgend seinen guten bürgerlichen Namen ins Lateinische übertragen hat, kehrt er nach Deutschland zurück. Hier werden an den Fürstenhöfen, deren Vertreter in der formalen Gelehrsamkeit das höchste Bildungsideal der Zeit und in den des römischen Rechtes Kundigen die berufenen Richter für die kaiserlichen Gerichtshöfe, die Organe im Dienste der neuzeitlichen absolutistischen Politik, erblicken, derlei Leute aufs höchste gefeiert. Olearius läßt sich am Bamberger Hofe bestaunen, wenn er mit gelehrten lateinischen Fachausdrücken und Buchzitaten um sich wirft.

Olearius ist völlig überzeugt, daß bei der durchgängigen Anwendung des römischen Rechts das Reich in sicherster Ruh und in Frieden leben könnte. Der heimischen Gerichtsbarkeit gegenüber bekundet er überlegene Mißachtung; es geht ihm nicht ein, daß es ein anderes Rechtsverfahren geben könne als das auf römischer Rechtsgrundlage. Das Volk freilich, dem die Rechtsprechung durch die Schöffen, die sich auf Erfahrung, heimische Überlieferung und die persönliche Geltung der Richtenden gründet — das also noch auf der Stufe des Mannesalters steht — allein gilt, wehrt sich gegen die von außen herangetragene, aus gelehrtem Buche stammende, neuartige Rechtsprechung — die des Greisenalters.

§ 31. Gottfrieds Sohn Karl.

Gottfrieds einziges Kind, der kleine Karl, hat in seiner natürlichen Veranlagung nichts mit seinen starken Eltern gemein. Der Geist, der in ihm lebendig ist, ist nicht der des mannhaften, kampfesfrohen Rittertums. Alle Wesenszüge, die bei ihm hervortreten, zeigen vielmehr, daß Karl bereits ganz in die Zeit des Greisenalters gehört.

Karl ist eine **weichliche, weibische Natur**. Er ist nicht das Kind, das sich zur starken Persönlichkeit entwickeln könnte. Ihn zieht es nicht, wie seinen Vater in seinen Jugendjahren, in den Stall zu den Pferden; er ist lieber bei den Frauen, besonders um die Tante, die ihn gern verwöhnt. In der Küche weiß Karl Bescheid. Zu Gottfrieds natürlich-einfacher Lebensweise, zur Genügsamkeit, hat er keine Neigung; er ist verwöhnt, möchte immer „was Aparts" haben.

Karls Erziehung liegt in den Händen seiner Tante Marie. Sie, die selbst von der Schwäche der neuen Zeit erfaßt ist, unterstützt noch die untüchtige Veranlagung des Kindes. Nicht ihn zu einem brauchbaren Glied der menschlichen Gesellschaft zu machen ist das Ziel ihrer Erziehung, sie will ihn vielmehr für den Himmel erziehen. Durch fromme Märchen ist sie bestrebt, seinen Sinn für — nach ihrer Vorstellung — wahre Frömmigkeit zu wecken. Sie erreicht dadurch allerdings, daß er noch mehr als er es von Natur schon ist, für die Anforderungen des Lebens verdorben wird. Sie macht ihn vor der Zeit zum „Pfaffen", zu dem er durch sein kraftloses Wesen ohnedies nur zu viel Veranlagung mitbringt.

Anschaulichkeit, Lebendigkeit und Erfahrung treten in Maries Erziehungsweise zurück hinter mechanischem Anhäufen von abstraktem und leerem Buchwissen. Karl lernt Geographie ohne Berührung mit der Landschaft, ohne daß es ihn auch selbst hinauszöge in die Natur. Er nimmt den Stoff mechanisch auf und plappert ihn ebenso mechanisch herunter, ohne zu wissen, was er sagt. Er weiß einen langen Satz über Jaxthausen ohne Stocken herzusagen, doch wenn man ihn nach den Herren von Berlichingen fragt, so schaut er verständnislos drein.

Die frommen Märchen seiner Tante zu hören, wird Karl nicht müde. Besonders das vom frommen Kind, das durch bloßes Handauflegen alle Leute gesund macht, später ein großes Kloster baut und schließlich ein schöner, glänziger Heiliger wird, ist ganz nach seinem Sinn. Aber sein Verständnis dafür ist doch nur äußerlich. Er kann es nicht nacherzählen, er ist unaufmerksam, gedankenlos, versteht nicht, worauf es ankommt, braucht unselbständig immer wieder die Nachhilfe der Tante.

Gottfried und Elisabeth sind sich klar über die der ihren fremde Wesensart ihres Kindes. Zuerst hatte Gottfried dem Einfluß seiner Schwester viel Schuld zugeschrieben; am Ende muß er erkennen, daß es „Geist ist beim Jungen, nicht Beispiel". Die Eltern sehen ein, daß ihr Sohn Karl durch die Schwäche seiner Natur in der Welt, als Ritter, eine klägliche Rolle spielen würde, daß er nicht in eine Zeit paßt, die nach Männern verlangt. Weichlinge sollen ins Kloster kriechen, sagt Elisabeth. Er ist sicherer in der Kutte als unter dem Harnisch. In der Tat wird Karl schon frühzeitig ins Kloster gebracht.

Karl, der letzte Sproß aus dem edlen Rittergeschlecht der Berlichingen, steht dem Wesen seiner Väter, dem Geist des Mannesalters, völlig fern. Gottfrieds Sohn gehört durchaus der neuen Zeit, dem Greisenalter, an, das mit der unentrinnbaren Notwendigkeit eines Naturgesetzes das deutsche Mittelalter, die Manneszeit des deutschen Volkes, in seiner natürlichen Entwicklung endgültig ablöst.

Anhang:
Verhältnis des Ur-Götz zur zweiten Fassung.

Literatur:

Bächtold, J., Goethes Gottfried von Berlichingen. In dreifacher Gestalt herausgegeben. Freiburg i. B. u. Tübingen 1882.

Dünker, H., Goethes Götz und Egmont. Braunschweig 1854.

Dünker, H., Götz von Berlichingen. Erläuterungen zu den deutschen Klassikern. Leipzig 1873. Bd. 11. S. 38 ff.

Minor und Sauer, Studien zur Goethe-Philologie. Wien 1880. S. 117 ff.

Max Morris, Der junge Goethe. Bd. 6. S. 193 ff., 302 ff.

Zu Anfang des Jahres 1773 schritt Goethe zu einer Umgestaltung der „Geschichte Gottfriedens von Berlichingen mit der eisernen Hand dramatisiert". In wenigen Wochen des Februar und der ersten Hälfte des März dieses Jahres wurde die neue Fassung vollendet, um im Juni desselben Jahres als „Götz von Berlichingen mit der eisernen Hand. Ein Schauspiel" zu erscheinen. Ein Abdruck dieser „Fassung B" wurde, mit durchgehenden sprachlichen und wenigen stilistischen Veränderungen, in den zweiten Band von Goethes Schriften, 1787 bei Gg. Joachim Göschen in Leipzig erschienen, aufgenommen. Dieser Abdruck liegt im wesentlichen allen Drucken der Cottaschen Ausgaben zugrunde. Dies ist die gemeinhin bekannte, auf den Bühnen dargestellte und in den Schulen benutzte Fassung.

Wie verhält sich nun, was den gedanklichen Gehalt der Dichtung betrifft, die Fassung B von 1773 zum Ur-Götz von 1771? Hat sich in der kurzen Zeitspanne zwischen diesen Jahren in Goethes Anschauung eine so eingreifende Wandlung vollzogen, daß sie die Götz-Dichtung bei der Umarbeitung im Kerne ändern mußte? Der genaue Vergleich der beiden Fassungen, der uns durch den Bächtoldschen Götz in dreifacher Gestalt leicht ermöglicht ist, zeigt deutlich, daß bei allen Abweichungen der zweiten Fassung vom Ur-Götz der gedankliche Hintergrund der Dichtung, der historische Naturalismus, erhalten geblieben ist. **Auch der „Götz" von 1773 ist noch durchaus aus der naturalistischen Geschichtsauffassung Goethes heraus zu verstehen.** Es läßt sich in der Fassung B nicht eine Stelle nachweisen, die zur Annahme bestimmen könnte, daß eine Änderung in der Einstellung zum Grundgedanken die Umarbeitung der Dichtung veranlaßt habe.

Die allgemeinen Grundsätze und Beweggründe, die Goethe bei der Umgestaltung seines „Götz" leiteten, betreffen im wesentlichen die **Form** der Dichtung, die Dichtung als **Kunstwerk.** In rascher Entwicklung hatte sich der künstlerische Charakter des jungen Dichters gefestigt und sein dichterisches Schaffen geläutert. Völlig im Banne seiner geschichtsphilosophischen Erkenntnis, ursprünglich-drängend, mitunter wild-überstürzend war der Ur-Götz im Verlaufe weniger Wochen entstanden. Der jugendlich-leidenschaftliche Standpunkt kommt im Entwurf von 1771 zum unmittelbaren Ausdruck. Wenig kümmert sich der junge Goethe bei der ersten Niederschrift um die Form der Dichtung, um geschlossenen dramatischen Aufbau, um deutliche Motivierung im einzelnen. Dies hängt mit seiner damaligen Auffassung vom Wesen des Dramas zusammen. Sein Ideal ist Shakespeare, von dem er in seiner Rede „Zum Shakespeares Tag" sagt:[1] „Shakespeares Theater ist ein schöner Raritätenkasten, in dem die Geschichte der Welt vor unsern Augen an dem unsichtbaren Faden der Zeit vorbei-

---

[1] Morris, DjG. II, S. 139.

wallt. Seine Plane sind, nach dem gemeinen Stil zu reden, keine Plane ..."

Der Ur=Götz konnte dem Dichter von 1773, der inzwischen die Emilia Galotti gelesen hatte, nicht mehr genügen. Er arbeitet ihn um, indem er nach Straffheit und schärferer Begründung der dramatischen Handlung und nach Maß in Darstellung und Ausdruck strebt. Diesem Streben mußte in der späteren Fassung manches weichen, was im Ur=Götz, dem spontanen dichterischen Ausdruck seiner geschichtsphilosophischen Idee, zwar die künstlerische Einheit stören mochte, aber den Hauptgedanken deutlich unterstrich.

Das Verhältnis der beiden Fassungen sei an einigen besonders hervortretenden Abweichungen klar gemacht.

Die Zigeunerszene, die im Ur=Götz, wie wir oben[1]) gesehen haben, die geschichtliche Entwicklung eines Volkes in Analogie zur biologischen Entwicklung des Einzelwesens verdeutlichte, ist in ihrer zweiten Fassung in ihrem Wert für den Hauptgedanken verblaßt. Die Zigeuner sind nicht mehr so ausdrücklich und breit als Naturvolk geschildert. Es ist zu vermuten, daß Goethe mit seinem Kunstgriff, die alten Germanen, welche eigentlich die Kindheitsstufe des deutschen Volkes hätten darstellen müssen, die er aber unmöglich neben den Gestalten des Mannesalters und der Greisenzeit auftreten lassen konnte, durch die Zigeuner zu ersetzen, nicht mehr einverstanden war. Deshalb verzichtete er auf die genaue Kennzeichnung der Zigeuner als Typus eines Volkes auf der Kindheitsstufe und beschränkte sich auf die Entwicklungsspanne vom Mannes= zum Greisenalter. Um das Auftreten der Zigeuner inniger mit der Haupthandlung zu verflechten, gerät in der Fassung B nicht mehr Adelheid unter die Zigeuner, sondern Götz selbst kommt, verwundet, als Bauernführer zu ihnen. Hier wird er von den bündischen Truppen, die, in der zweiten Fassung abweichend von der Urfassung, von Weislingen selbst geführt werden, gefangen genommen.

---

[1]) Siehe S. 71 f.

Dem Streben nach klarer Motivierung entspricht es auch, daß sich Götz in der zweiten Fassung in einer eigenen Szene zur Übernahme der Hauptmannschaft bestimmen läßt.

Das Erziehungsgespräch zwischen Elisabeth und Marie (Morris S. 151 f.) ist in der Fassung B eingeschränkt, das andere Erziehungsgespräch zwischen den beiden Frauen (ebenda S. 186 ff.) ganz getilgt, da beides für den Fortgang der Handlung ohne Bedeutung war. In der Urfassung trugen die beiden Gespräche dazu bei, Elisabeth und Marie als Vertreterinnen verschiedener geschichtlicher Entwicklungsstufen schärfer zu beleuchten.

Gefallen ist in der zweiten Fassung auch die Reichstagsszene im 3. Akt, die uns einen Blick tun läßt in die politische Gesinnung der Fürsten als Vertreter des Greisenalters. Nicht als ob Goethe seine Auffassung von der unedlen politischen Gesinnung der Fürsten geändert hätte; die Kennzeichnung der Fürsten im Sinne des politischen Ideals des Greisenalters bleibt in der Fassung B genügend gewahrt, so daß auch die Tilgung dieser Szene nur aus dem künstlerischen Streben nach größerer Konzentration zu erklären ist.

Eine eingreifende Umgestaltung hat die Figur der Adelheid im 5. Akt erfahren. Der Grundzug ihres Wesens als einer deutlichen Verkörperung des Greisenalters bleibt in der Fassung B erhalten. Während sie aber im Ur-Götz über das Maß des Wirklichen ins Kolossalische hinauswächst, ist Adelheid jetzt aus ihrem übermenschlichen Format auf eine Wesenheit zurückgeführt, die menschlich-möglich und natürlich ist. Ihr anstößiges Verhältnis zu Sickingen ist gestrichen. Es fehlen auch die beiden Szenen zwischen Adelheid und Franz, es fehlt die Szene, in der der Fememörder erscheint und sie mit dem Dolche ersticht. Auch diese Streichungen erklären sich aus der Absicht Goethes, Übersteigertes und Allzu-Krasses der ersten Fassung zu mildern. Die entscheidende Stelle (Morris, S. 252 f.; Bächtold, S. 173 f. A)[1]) ist gegenüber der ursprünglichen Fassung ihrer wesentlichen Bedeu-

---

[1]) Vgl. Seite 21 f.

tung nach nicht geändert, im Ausdruck aber sehr abgeschwächt. Auch diese Abweichung (Bächtold, S. 187 B) macht deutlich, daß sich nicht die Grundeinstellung des Dichters geändert hat, sondern daß nur die Besorgtheit um die formale Vervollkommnung der Dichtung im Hinblick auf die künstlerische Ökonomie des Ganzen den ursprünglichen Leitgedanken zurückgedrängt hat.

Wir ersehen aus diesem, hier nur für einige wesentliche Einzelheiten geführten, Vergleich die Art der Abweichung der Fassung B vom Ur=Götz. Die Umarbeitung ist von der Absicht geleitet, die Abfolge der Handlungen und Ereignisse entschiedener zu motivieren und damit das dramatische Leben der Dichtung straffer zu gestalten. Diesem Streben wich manche kraft=genialische Szene des ersten Entwurfs. Manche Schroffheit wurde gemildert, weiter ausgesponnene Bilder und Vergleiche der Rücksicht auf die künstlerische Ökonomie des Ganzen geopfert. Ohne Zweifel gewann dadurch der „Götz" in der Fassung von 1773 in formaler Hinsicht, an künstlerischer Maßhaltung und Ausgeglichenheit in Darstellung und Ausdruck. Als Kunstwerk ist die Dichtung reifer geworden. Will man aber den Gedankengehalt der Goetheschen Schöpfung in seiner Ursprünglichkeit kennen lernen, so muß man nach dem Ur=Götz von 1771 greifen. Ich empfehle darum auch, diese erste Fassung im Deutschunterricht zugrunde zu legen.

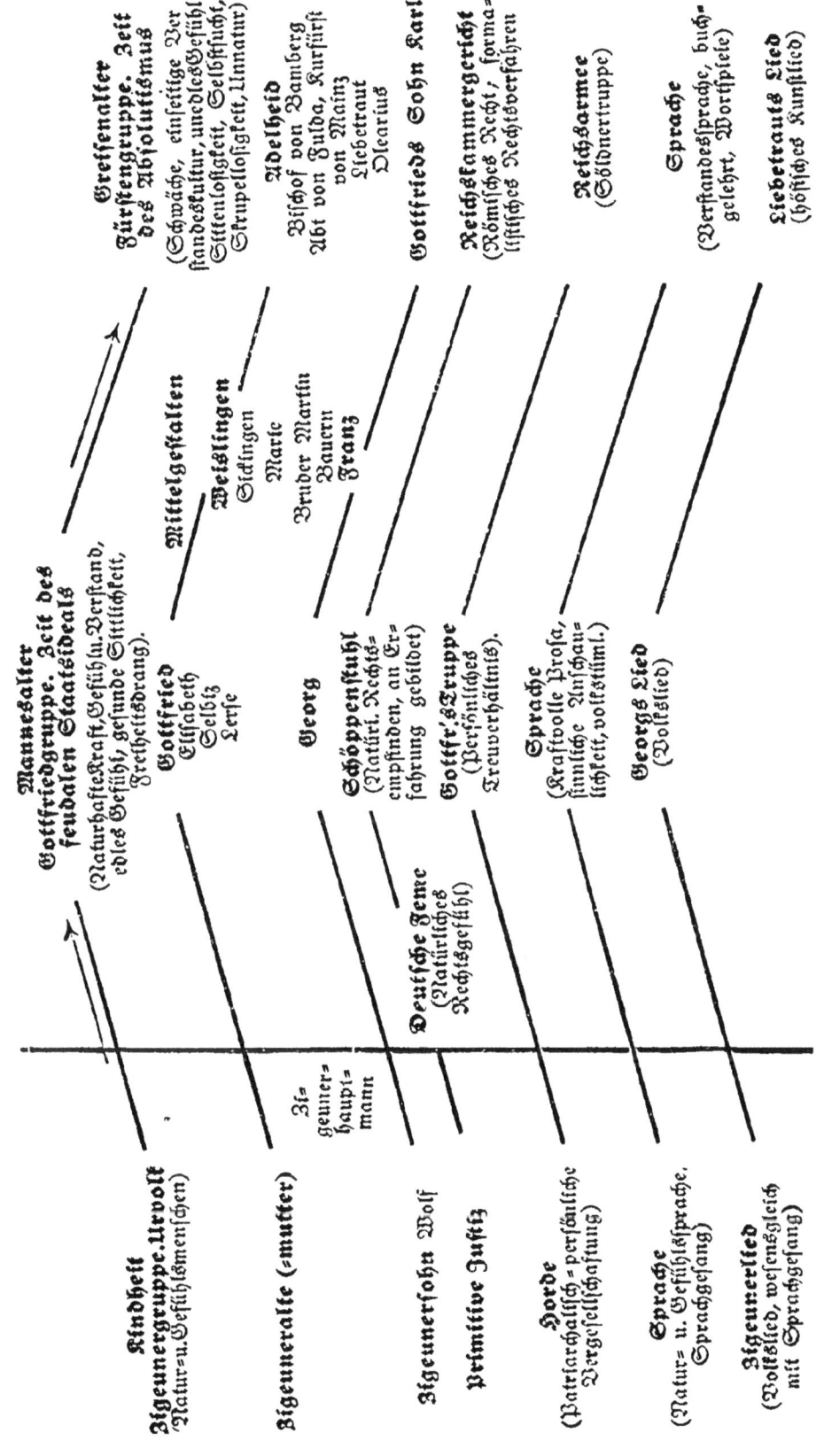

Tafel 2. Gottfrieds Lebenslinie.

Der Geist des Greisenalters vor Gottfrieds Eintr. ins Drama bereits wirksam in seiner Familie: seine einzige Schwester Marie schwach, sein einziger Sohn Karl geistiges Kind der neuen Zeit. Gottfr. selbst, schon von schweren Schicksalsschlägen getroffen, ist von der Höhe seines Lebens herabgezogen worden: Verl. der rechten Hand, erste Gefangenschaft in Heilbronn, Abfall seines Jugendfreundes Weislingen

- Eintritt ins Drama
- Wiedervereinigung mit Weisl., dessen Verlobung mit Marie
- Erfolgreiche Unterng. gegen Weisl., dessen Gefangennahme
- Weislingens Abfall, dessen Untreue gegen Marie
- Fehde gegen Nürnberg, Beraubung der Kaufleute gibt Grund zur Klage beim Kaiser
- Beschluß der Reichsexekution gegen ihn
- Gewinnung Lerses
- Sickingens Hilfsangebot, dessen Verlobung mit Marie
- Anfängliche Erfolge im Kampfe gegen die Reichsarmee, Gottfrieds Errettung aus Lebensgefahr
- Gegen Schwur der Urfehde Freispruch
- Sid. vorübergehende Besserung seiner Lage
- Kräfteverfall im unfreiw. Müßiggang
- Gefangennahme durch Verrat
- Gottfried wird Bauernführer, bricht seinen Schwur
- Kunde vom Bauernaufstand
- Verlust Georgs
- Kerkerhaft, Todesurteil
- Tod in Elend

PLEASE DO NOT REMOVE
CARDS OR SLIPS FROM THIS POCKET

UNIVERSITY OF TORONTO LIBRARY

PT   Schregle, Hans
1952   Goethes Gottfried von
S37   Berlichingen

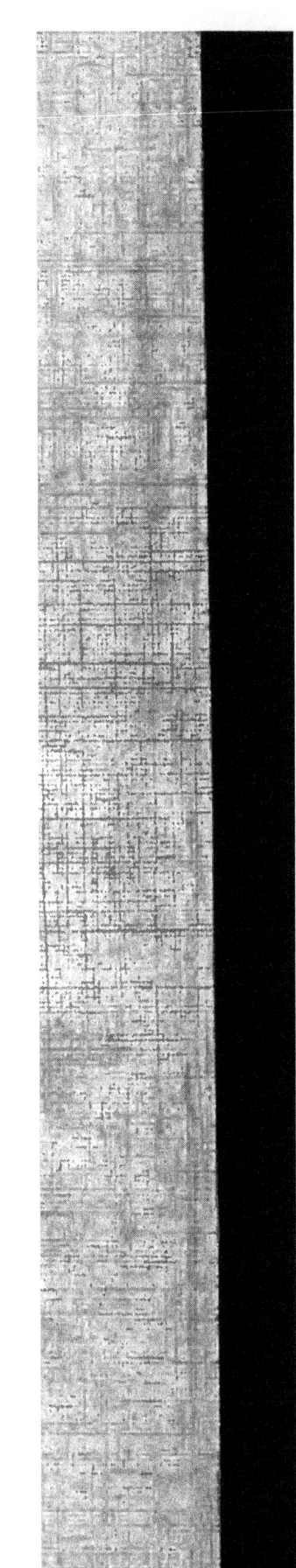

Lightning Source UK Ltd.
Milton Keynes UK
UKOW05f2320110116

266229UK00007B/155/P